AF267048

LE
FLAMBEAU PROPHÉTIQUE

DE

MALÉTABLE

PAR

VICTOR C*** DE STENAY

Auteur des Derniers avis prophétiques, etc.

> Nous avons les Oracles des Prophètes sur lesquels vous faites bien d'arrêter vos yeux comme sur un Flambeau qui luit dans un lieu obscur, jusqu'à ce que le jour commence à paraître, car c'est par l'inspiration du Saint-Esprit que les saints hommes de Dieu ont parlé.
>
> (II *Epist.* Petri, 1, 19, 21.)

PARIS | VENDOME

CHEZ TOUS LES LIBRAIRES

—

JANVIER

1873

LE
FLAMBEAU PROPHÉTIQUE

POUR L'ANNÉE 1873-74

LE
FLAMBEAU PROPHÉTIQUE

DE

MALÉTABLE

PAR

VICTOR C* DE STENAY**

Auteur des *Derniers avis prophétiques*, etc.

> Nous avons les Oracles des Prophètes
> sur lesquels vous faites bien d'arrêter vos
> yeux comme sur un Flambeau qui luit dans
> un lieu obscur, jusqu'à ce que le jour
> commence à paraître, car c'est par l'inspi-
> ration du Saint-Esprit que les saints hom-
> mes de Dieu ont parlé.
>
> (II *Epist.* PETRI, 1, 19, 21.)

PARIS | VENDOME

CHEZ TOUS LES LIBRAIRES

—

JANVIER

1873

NOTA. — Les documents prophétiques et observations critiques seront accueillis avec gratitude.

Adresser les lettres à M. Collin la Herte, rue du Saint-Cœur, 2, à Vendôme (Loir-et-Cher).

Le présent opuscule se trouve à cette même adresse.

Prix : 65 centimes, *franco*.

AUX

AMIS

ET AUX

ENNEMIS

DES

PROPHÉTIES

ET DES

PÈLERINAGES

Hommage de profonde charité *in X^to*

L'Auteur.

Reims, ce 12 janvier 1873.

La croyance au surnaturel est un fait naturel, primitif, universel, permanent dans la vie et dans l'histoire du genre humain. On peut interroger le genre humain en tous temps, en tous lieux, dans tous les états de la Société, à tous les degrés de la civilisation ; on le trouvera toujours et partout croyant spontanément à des faits, à des causes en dehors de ce monde sensible, de cette mécanique vivante qu'on appelle la nature. On a eu beau étendre, expliquer, magnificier la nature, l'instinct de l'homme, l'instinct des masses humaines ne s'y est jamais enfermé : il a toujours cherché et vu quelque chose au-delà.

(M. GUIZOT.)

LE
FLAMBEAU PROPHÉTIQUE
DE MALÉTABLE.

I

Depuis quelques années, le monde catholique arrive de tous côtés en pèlerinage à Malétable, près Longny (Orne), diocèse de Séez (1). Les 23, 24 et 25 septembre 1872, nous nous y trouvâmes.

Il nous tardait de voir et d'entendre le digne curé de cette paroisse, M. l'abbé Jules Migorel, qui, depuis l'âge de douze ans, est favorisé de révélations prophétiques, dont plusieurs déjà se sont réalisées d'une manière remarquable.

M. le Curé de Malétable est un homme de petite taille, trop petite pourrions-nous dire, en raison de la grande mission du personnage. Mais tel l'a voulu le créateur, qui, dans ce petit corps, a placé une grande âme apostolique et sacerdotale.

Extérieurement, M. Migorel paraît avoir environ quarante-cinq ans. Tout en sa personne respire l'immolation et la paix angélique. Son vêtement reflète l'amour de son

---

(1) De la ligne de Bretagne, on se rend à Longny par la correspondance de la station de Bretoncelles, laquelle est à 135 kilomètres de Paris. C'est la cinquième après Chartres, et la seconde à partir de Nogent-le-Rotrou.

âme pour la sainte pauvreté, cette compagne favorite de l'Homme-Dieu. Amant passionné et joyeux de la pénitence, il couche tout habillé sur la dure et ne mange, la plupart du temps, que du pain trempé dans du lait. Voilà donc un véritable émule des prophètes de l'Ancien Testament. Inutile d'ajouter qu'il n'a ni cuisinière ni domestique. Cependant il jouit d'un assez vaste presbytère où il abrite cordialement ses nombreux visiteurs étrangers au pays (1).

Comme tous les saints prêtres, M. le Curé de Malétable est un homme d'oraison. Dès le matin, il est agenouillé au pied du tabernacle. On est heureux de le voir en prière et d'assister à sa messe. On n'est pas moins édifié et conforté en écoutant ses substantielles instructions et en l'entendant réciter la prière du soir et le chapelet, surtout si l'on sait suivre les mouvements de son âme dominée par la foi et l'amour de Dieu, que traduit si bien sa vibrante parole.

Propager le culte de Notre-Dame de la Salette, exciter les âmes à observer le repos dominical, à sanctifier le jour du Seigneur, à se convertir, à réparer les crimes qui attirent sur le monde les châtiments de la divine justice, tel est spécialement l'apostolat de ce zélé serviteur de Marie, telle est la mission particulière du pieux et éclairé interprète des menaces et des promesses de la Vierge réconciliatrice.

____

(1) Il est charitable de prévenir les pèlerins, qu'au village de Malétable on ne trouve pas toujours les choses nécessaires à la vie. L'Hôtel du brave Lévêque n'est pas encore entré dans la voie du progrès. Cela viendra. Mais, en attendant, les personnes délicates feront bien de se munir de quelques comestibles.

A cet effet, le Seigneur lui révéla trois fois, en plein jour, qu'il devait construire une église dédiée à Notre-Dame de la Salette ; trois fois aussi, mais postérieurement, Dieu lui révéla encore qu'il fallait ériger en l'honneur de la Vierge de la Salette, une tour presque contiguë à l'église et d'une élévation environ trois fois plus grande que celle-ci. Malgré tous les obstacles des hommes et les manœuvres de l'enfer, l'église et la tour furent exécutées, par le zèle et la sollicitude du voyant, selon les tracés manifestés dans ses visions, et bientôt le béni sanctuaire de Notre-Dame de Malétable fut ruisselant des rosées divines. Sa consécration solennelle eut lieu la veille de notre visite.

Sans entrer dans les longueurs d'une description suivie, qui dépasserait les bornes que nous nous sommes tracées observons cependant que sur les chapitaux des quatre colonnes servant de contre-forts à la tour et s'élevant jusque vers le milieu de celle-ci, l'on remarque quatre énormes statues représentant les saints archanges Michel, Gabriel et Raphaël et l'ange-gardien portant chacun une trompette à la bouche. Dans la partie à jour, surmontant les statues, on y verra briller, pendant la nuit, un phare qui rappellera au voyageur attardé que la reine des cieux est l'Étoile protectrice qu'on n'a jamais saluée ni invoquée en vain: *Ave, maris Stella...* L'édifice est couronné par le groupe de la Vierge et des deux bergers de la Salette. A une certaine distance l'effet est délicieux.

Durant notre pèlerinage à Malétable, nous restâmes de longues heures suspendu aux lèvres du docte et infatigable interprète de Notre-Dame de la Salette. Nous étions là avec un certain nombre de pieux pèlerins de toutes classes, parmi lesquels s'étaient glissés des esprits forts, amenés tant par la curiosité que par la renommée du pèlerinage et de son fondateur. Ces frondeurs sournois surent se mettre dans l'ombre pour sourire sottement au langage élevé et mystique de l'homme de Dieu racontant les faits miraculeux opérés par Notre-Dame de Malétable. A ces incrédules, il faudra le grand coup du ciel annoncé par les prophéties, pour leur ouvrir les yeux !

Nous n'avons pas l'intention de divulguer tout ce dont nous fûmes témoin à Malétable, mais nous tenons à affirmer que nous pûmes étudier à notre aise un type de sainteté en germe, qui sans doute se développera et s'épanouira dans l'avenir, sous le règne de Marie, quand notre divine Mère répandra de surabondantes faveurs sur ses fervents serviteurs. Nous espérons qu'alors les parfums de la sainteté et des miracles attireront un continuel et immense concours de fidèles à Malétable comme à Ars. La modestie du respectable Monsieur Migorel sera peut-être alarmée si ces lignes viennent à tomber sous ses yeux ; mais nous prions sa charité d'endurer ce petit supplice et de pardonner à l'entraînement de notre plume.

Afin d'être plus amplement édifié sur le pèlerinage de Malétable et les grâces miraculeuses qui y abondent, nous prions le lecteur de porter son attention sur deux importantes lettres de M. Migorel, que nous avons publiées à *l'Appendice* d'un précédent opuscule paru sous ce titre : *Le Prophète David Lazzeretti, sa mission et ses prophéties.*

II

M. Migorel a commencé il y a environ une quinzaine d'années, un ouvrage considérable, qui, à cette heure, est sous presse à Versailles. L'auteur nous a dit verbalement qu'il comptait le faire remettre au Souverain-Pontife et à tous les évêques de France, afin que la question traitée par lui, sur le troisième précepte du Décalogue, soit examinée au Concile du Vatican, lors de sa reprise.

Par sa lettre du 6 janvier 1872, ce docte et pieux auteur nous adressait les lignes suivantes, que nous nous empressons d'offrir à la méditation de certains esprits. Ecoutez bien : « ... On vous a dit que mon ouvrage ne serait approuvé ni à Séez, ni à Versailles. Eh bien, j'ai déjà reçu de l'évêché de Versailles l'*Imprimatur* pour l'Introduction : il est signé de M. l'abbé de Cazalès. Or cette introduction contient en abrégé toutes les principales thèses que je développe dans le corps de l'ouvrage. De plus, M. le chanoine Bertrand, qui a continué l'examen commencé par M. de Cazalès, n'a plus à voir qu'une trentaine de pages de mon travail. Or, on m'écrivait de Versailles, le 20 novembre dernier : « ..... M. l'abbé « Bertrand m'a chargé de vous dire que la doctrine que « vous émettez sur la stricte observance du dimanche, « est celle de saint Thomas d'Aquin, et qu'il désirerait « beaucoup la voir observer ainsi que vous le demandez »

« J'ai envoyé mon ouvrage à Séez, en priant Monseigneur de choisir trois examinateurs conformément à la règle établie par notre Concile provincial de Rouen, de 1850. Sa Grandeur a nommé ceux dont je combats les doctrines dans mon livre. Ils ont fait imprimer une brochure dont l'enseignement sur le troisième précepte est si déplorable que des prêtres de Chartres, de Versailles, de Blois, de Paris, etc., m'ont avoué qu'ils n'avaient jamais entendu une doctrine semblable. Les auteurs de la brochure suppriment d'un seul coup le troisième commandement de Dieu et le second commandement de l'Église pour différentes classes de la société. Selon eux, on n'est même pas obligé de ..... (1) Il suffit, dans bien des cas, — qui pourraient se multiplier à l'infini, — d'assister *de temps en temps à la messe dans la semaine*. Je puis montrer cette triste brochure à quiconque veut la voir.

« Je le répète, ceux que je combats sont mes juges à Séez. Aussi M. l'abbé Bertrand apprenant leurs manœuvres me conseille d'adresser mon ouvrage à tous Nos Seigneurs les évêques. C'est ce que je ferai. »

III

Bien que nous sachions que la publicité répugne à M. le Curé de Malétable, nous croyons opportun et même très-nécessaire, dans l'intérêt de la vérité, de mettre sous les yeux du public d'autres protestations délicates de ce digne ecclésiastique. Elles contrecarreront les méchancetés que des esprits aveugles et malveillants se plaisent à semer de tous côtés. Au risque donc d'encourir le blâme de M. Migorel, nous nous autorisons, sans le consulter, de joindre ici un autre fragment de la lettre qu'il nous écrivait le 6 janvier. Le voici :

------

(1) La prudence et le bien des âmes nous défendent de reproduire le reste de la phrase.

« ... C'est à tort que vous appréhendiez de me communiquer ce que l'on vous écrivait contre moi. Avec la grâce de Dieu, je n'aimerai pas moins celui qui ne garde pas pour lui, mais qui vous transmet et sans doute à d'autres encore, les dénominations insultantes dont les parisiens me jugent digne. Je crois connaître ce prêtre. Dites-lui bien qu'il prie Dieu pour que jamais les erreurs jansénistes, que je déteste autant que toute hérésie, ne souillent jamais ni mon enseignement ni mes croyances.

« Si je mérite l'épithète injurieuse de janséniste, qu'on le prouve. Les jansénistes n'admettaient pas pleinement l'autorité du Souverain-Pontife. Moi, j'ai combattu en faveur de son infaillibilité, même avant la définition du Concile du Vatican. Les jansénistes éloignaient les fidèles de la communion fréquente. Moi, je cherche par tous les moyens à disposer les fidèles même à la communion quotidienne, ou au moins de chaque dimanche.

« Quelques personnes mal disposées à mon égard ont cru trouver une preuve que je méritais d'être qualifié de janséniste, parce que le vitrail du fond du chœur de notre église représente un Christ dont les bras sont resserrés. M. Le Dieu, d'Argentan, qui a fait nos vitraux, a voulu faire cadeau de cette verrière. Se trouvant gêné pour sa composition, par le plein-cintre de la fenêtre, il fut forcé de ne pas étendre les bras du Christ. Voilà tout le mystère. De ce que la fenêtre est trop resserrée dans ses dimensions, s'ensuit-il que je le sois dans mes principes ? Cependant, quand la tour de Notre-Dame de la Salette sera achevée et que j'aurai des ressources suffisantes, je prierai M. Le Dieu de faire un autre vitrail. »

Entre les affirmations des pseudocritiques, d'une part, et celles de M. le Curé de Malétable et des examinateurs *compétents* de son livre, d'autre part, nous n'avons pas à hésiter. Ainsi Messieurs du gallicanisme, criailleurs Parisiens, Saïens et autres *ejusdem farinæ,* ayez le courage de vous rétracter, ou au moins taisez-vous.

IV

Arrivons aux révélations prophétiques de M. Migorel. Elles sont enregistrées dans un *Mémoire* que celui-ci a remis à son vénérable évêque, Monseigneur de Séez.

Notre cadre restreint ne peut comporter toutes les vues surnaturelles dont ce saint homme fut favorisé. Nous nous bornons à rapporter spécialement ses prophéties con cernant l'avenir. Elles sont contenues dans la pièce sui- vante, que nous a communiquée, en deux fois, le digne Curé de Malétable, en nous autorisant à la publier comme faisant partie de sa vision du 11 juin 1860, arrivée à midi. Laissons parler le voyant.

1. Je vis des ténèbres épaisses (1) sur l'ouest et sur le nord de la Bretagne, surtout le long des côtes.

2. Les châtiments annoncés par ces ténèbres devaient se réaliser peu de temps après la défaite du Mans.

3. Je crois que les prières ont fléchi la colère de Dieu, et que la Sainte Vierge apparaissant aux enfants de Pontmain (Mayenne), le 17 janvier 1871, annonçait cette faveur, en disant : « Mon Fils se laisse toucher. »

---

(1) Elles figurent de grands malheurs, de grands châ- timents. Le voyant ne connut la signification de ce signe que par d'autres visions, quand elles furent accomplies.

4. Mais, hélas ! le châtiment n'est peut être que retardé, car les Bretons sont bien coupables contre la loi du repos du dimanche par leur travail de la pêche.

5. Le bon Dieu me montra encore une guerre dans l'est de la France (2).

6. Quand on verra au nord de la France un astre disparaître (3), après avoir éclairé une grande contrée (4), et puis une petite procession partant de cette contrée, aller vers le nord-est (5) la guerre commencera (6).

7. Le mal sera grand dans les départements situés à l'est de Paris, notamment entre cette ville et Châlons, car j'y vois d'épaisses ténèbres.

---

(2) Par une nouvelle invasion des Prussiens en 1873 ou 1874.

(3) Est-ce un astre réel, ou un astre symbolique ? Nous conjecturons qu'il s'agit de la mort d'un personnage [1873] qui, par ses paroles et ses faits et gestes, a éclairé la vraie et honnête France sur les illusions et les manœuvres des Républicains-Thiéristes et de leurs héritiers présomptifs autant que présomptueux, les radicaux Gambettistes. — Ou bien s'agit-il de Pie IX ? ou de l'astre du bonheur, la religion, qui semblera disparaître à l'heure de la grande crise qui éclatera en 1873 ?

(4) La France, ou le monde catholique.

(5) Cette procession figure-t-elle un corps d'armée, marchant contre les allemands ? — Zoé Tanaré parle de processions ; voir notre brochure *le Prophète David Lazzeretti*, à l'Appendice, p. 67.

(6) Il s'agit vraisemblablement, d'après d'autres prophéties, de la guerre étrangère et de la guerre civile.

(7) Quelle est cette ville ? Le voyant l'ignorait lors de notre visite.

8. Je vois aussi le peuple se porter en foule à l'entrée ouest de la ville où arrivera cette procession (7).

9. Des hommes ayant la physionomie de pénitents (8) se dressent (9) dans le midi de la France (10) et regardent du côté de cette ville (11).

10. Puis la ville de Rome m'apparaît, mais personnifiée sous la forme d'un prisonnier chargé de chaînes (12).

11. Tout ce qui l'environne est au pouvoir de la révolution.

12. Le nord de l'Italie se couvre de lumière (13), à l'exception de quelques points, entre autres Milan.

13. Mais de Florence jusqu'à Rome, c'est une nuit profonde.

---

(8) Ames chrétiennes et patriotiques dévouées à la cause de Henri V et à celle de l'Église et du Pape.

(9) Quel sens faut-il donner ici au verbe *dresser*? Probablement celui d'instruire, former, façonner au métier des armes; ou celui de se préparer à partir pour faire la guerre aux ennemis de la France; ou dans un sens tout spirituel, conjurer le ciel par d'ardentes supplications et de généreuses pénitences.

(10) C'est de ce côté qu'Henri V commencera ses exploits.

(11) Impatients qu'ils sont de concourir à la défense de la patrie.

(12) Par le triomphe complet de la Révolution, qui persécutera atrocement l'Église, après avoir renversé le trône du prétendu roi d'Italie, Victor-Emmanuel, le spoliateur excommunié.

(13) C'est-à-dire que ce pays est épargné; il jouit encore d'un certain bonheur par suite d'événements heureux. Les prophètes de l'Ancien Testament ont employé aussi les expressions *lumière* et *ténèbres* dans le même sens que le prophète de Malétable. Elles sont des figures du bonheur et du malheur des peuples. Voir notamment Isaïe, V, 30, et Amos, VIII, 9.

14. Je vois à peu de distance de Rome et au nord de cette ville, deux armées rangées en bataille (14).

15. L'armée la plus faible et qui combat pour le bien (15) fait face à l'Orient (16). La paix de la conscience brille sur le visage des hommes qui la composent.

16. Les ennemis de l'Église, tournés vers l'Occident (17), se distinguent à leur physionomie sombre et farouche.

17. Tout à coup des tourbillons de fumée s'élèvent de la terre, et, comme si un volcan éclatait sous les pieds des ennemis de l'Église, je les vois soulevés et renversés (18).

---

(14) Les défenseurs de l'ordre et de la religion contre la Révolution et les ambitieux de la Prusse, laquelle portera la guerre en Italie, comme on le verra plus loin.

(15) Cette armée est figurée par « la petite corne » de la Prophétie Carthusienne dite de Prémol. Voir les *Derniers Avis prophétiques*, p. 165-166. Il s'agit peut-être aussi de la *Sainte Milice italienne*, dont parle David Lazzeretti dans ses prophéties.

(16) L'orient symbolise Dieu, le paradis qui est l'orient de la vie ; il désigne le côté d'où nous arrive la lumière et où se trouve le salut en Jésus-Christ, la splendeur de la lumière éternelle, le Soleil de Justice né en Orient, et que la Sainte Écriture et l'Église appellent aussi Orient : *O Oriens, splendor lucis æternæ et sol justitiæ* (Antienne de l'Avent).

(17) L'occident de la vie, qui est la figure de l'enfer réservé aux méchants.

(18) Il nous semble naturellement que ce langage annonce un tremblement de terre, ou un fléau exterminateur, inattendu, mais manifestant la vengeance divine aux yeux même des ennemis du surnaturel.

18. Plusieurs — un surtout d'une grande taille (19) — sont lancés en l'air (20).

19. Je vois leur visage éclairé par le feu comme on voit le visage des personnes qui assistent à un incendie pendant la nuit (21).

20. Frappés d'épouvante, ils veulent échapper au danger par la fuite ; mais, dans leur précipitation, ils se foulent aux pieds les uns les autres ; plusieurs percent leurs camarades de leurs épées.

21. Je vois un énorme monceau d'hommes tombés le dos tourné du côté des défenseurs de l'Église.

22. L'armée des défenseurs du Pape reste intacte ; elle s'adosse à la ville de Rome et se trouve tournée vers le Nord (22).

23. Dieu met ensuite sous mes yeux un tableau où sont indiquées les causes principales des malheurs de la France et de l'Italie.

---

(19) Il représente la Prusse symbolisée par la seconde grande corne de la Prophétie Carthusienne susdite.

(20) Avertissement à Guillaume et à Bismark, qui ont tout le génie de l'enfer pour persécuter l'Église de Jésus-Christ.

(21) Ce passage confirme l'opinion que nous avons émise dans la note 18.

(22) Pour marquer qu'elle est déterminée à briser la puissance prussienne, et à opérer avec l'alliance des autres États, la dissolution du colosse germanique. Ce qui arrivera.

(23) Par le travail et la débauche, l'inassistance à la sainte Messe et aux autres offices du culte divin. C'est pourquoi, le 19 septembre 1846, la sainte Vierge descendait du ciel sur la terre et fondait en larmes, en disant à la France coupable, et par l'intermédiaire des Bergers de la Salette et au nom de Dieu, les paroles suivantes, qui sont inscrites en gros caractères, sur le pourtour du

24. Au sommet du tableau, je lis ces mots en grandes lettres : PROFANATION DU DIMANCHE (23).

---

chœur de l'église de Malétable : « JE VOUS AI DONNÉ SIX « JOURS POUR TRAVAIELER, JE ME SUIS RÉSERVÉ LE SEP- « TIÈME, ET ON NE VEUT PAS ME L'ACCORDLR. » Et la Mère « de Dieu ajoutait : C'est cela qui appesantit tant le bras « de mon Fils. »

La Vierge désolée continuait à parler en ces termes se rapportant au nº 25 : « Ceux qui conduisent les char- « rettes ne savent pas jurer sans y mettre le nom de mon « Fils. Ce sont les deux choses qui appesantissent tant « le bras de mon Fils. »

Sur la fin de son discours, la miséricordieuse Vierge Marie ajoutait ces autres plaintes : « Il ne va que quel- « ques femmes âgées à la messe. Les autres travaillent « le dimanche tout l'été ; et l'hiver, quand ils ne « savent que faire, ils ne vont à la messe que pour se « moquer de la religion. Le carème ils vont à la bou- « cherie comme des chiens. »

La Sainte Vierge termina son discours par ces mots : « Eh bien, mes enfants, vous ferez passer cela à tout « mon peuple. » Ces dernières paroles sont inscrites sur des banderoles immobiles, que portent des anges adossés au haut de la Tour de Notre-Dame de la Salette de Ma létable.

Les nºˢ 24 et 25 de la prophétie de M. l'abbé Migorel sont donc une confirmation des reproches exprimés par la très-sainte Vierge, sur la Montagne de la Salette, près Corps (Isère), aux deux Bergers Maximin Giraud et Mé- lanie Calvat-Mathieu.

(24) « Il n'y a point de crime plus horrible que l'ou- trage fait par l'homme au Dieu dont il tient tout ; il n'y en a point qui décèle une malice plus satanique, car le blasphème est du nombre de ces fautes dont l'homme ne retire d'autre avantage que le plaisir même d'outrager son Créateur. — Les Hébreux ont toujours professé pour le nom de Dieu le plus grand respect ; et, à leur exemple

25. Au-dessous : BLASPHÈMES (24).

les hommes les plus éminents du christianisme n'ont jamais prononcé ce nom adorable qu'avec les marques de la religion la plus profonde. — On frémit quand on réfléchit que de nos jours, cette abomination du blasphème est dans toutes les bouches, et qu'à peine l'enfance peut-elle articuler le nom trois fois saint de Dieu, qu'elle ne le prononce que pour l'outrager. » (*Apud* Gimarey, *Bible d'Alliol*, t. I, p. 486, 5e édit. Paris, 1868).

Par blasphèmes il ne faut pas seulement entendre les jurements, mais tout ce qui dans les livres, les journaux, les discours, les conversations, les écrits, tend à nier ou à attaquer les attributs de Dieu, les mystères de notre sainte religion, l'autorité de l'Église, du pape, etc., etc.

(25) Ceci corrobore douloureusement certains passages du Secret de Mélanie de la Salette, Secret rapporté dans les *Derniers Avis prophétiques*, et approuvé implicitement par cette digne et pieuse religieuse, dans une nouvelle lettre que nous avons eu l'honneur de recevoir d'elle, et que nous avons publiée à l'Appendice du *Prophète David Lazzeretti*. — Voir aussi les opuscules de M. Girard, *les Secrets* et *le Complément des Secrets de la Salette*.

« En rendant un hommage bien mérité aux vertus du clergé, ne sommes-nous pas quelquefois obligé de rougir devant des scandales dont le principe a germé peu à peu dans des manquements peu graves dont les auteurs, simplement légers d'abord, ne voyaient pas les suites redoutables ?

« Au moment où nous traçons ces lignes, la société est encore émue des ruptures hideuses où l'impudicité et l'orgueil se donnent la main pour souiller la robe de la prière, du sacrifice et de la pénitence. Ceux qui ont donné ces scandales les nourrissaient dans leur âme attiédie par les fadeurs du monde, bien avant qu'ils n'aient éclaté : n'y en a-t-il pas d'autres dans le même cas et encore connus de Dieu seul ?

26. Au-dessous encore : **PROFANATION DU SAINT-SACRIFICE** (25).

27. Au bas du tableau, plusieurs lignes, en petits caractères , indiquent les autres crimes.

28. Au commencement de la première ligne en lettres un peu fortes, je lis : IMPURETÉ.

« Le mal n'est donc pas à jeter l'alarme et à flétrir ceux qui peuvent le mériter ou simplement à menacer ceux qu'un avertissement retiendra peut-être. Le mal serait à garder un silence qui laisserait grandir le crime, sans essayer de le contenir....

« Toutes les grandes crises religieuses et sociales ont été précédées d'égarements plus ou moins nombreux dans le sanctuaire. Lorsque ces abus ont été réprimés ou corrigés à temps, les réformes ont eu lieu sans éclats regrettables. Lorsque la corruption n'a pas rencontré de barrières, il a fallu du sang, beaucoup de sang, et du sang innocent pour l'expier ! » (*Apud* Delbreil, *le Nouveau Sinaï*; Paris, 1873, p. 200.)

« Sachons, ajoute le R. P. Verdière, S. J., sachons faire ce que dit un apologiste de l'abbé Gorini : « Avouer le mal avec une franchise égale à l'impertubable courage qu'on met à défendre le bien. » Faisons-le avec une réserve qui se conçoit, et qui est sous-entendue aussi dans cette autre parole de saint Grégoire le Grand : « Mieux vaut le scandale que le mensonge ; » mais qui n'empêche pas Baronius de s'écrier : « Dieu me garde de trahir la vérité pour ne pas trahir la faiblesse de quelque prêtre coupable ! » (*Semaine relig.* de Blois, n° du 23 décembre 1871, p. 64.)

V

A la suite de ce document, il est indispensable d'exposer des éclaircissements que nous transmet la correspondance de M. le Curé de Malétable ; car ses paroles et ses écrits, à force de passer de bouche en bouche et de plume en plume, ont subi des altérations regrettables, que notre impartialité nous invite de rectifier. De cette façon le public sera mieux édifié. En même temps, il sera définitivement éclairé sur la valeur des bruits qui circulent, tant sur le voyant de Malétable, que sur ses prophéties.

Pour remplir ce but, nous reproduisons tout ou partie dé deux lettres dont M. Migorel vient de nous honorer. Nous ne nous attendions pas à la première, mais notre loyauté s'en est réjouie, heureuse qu'elle est de toujours faire droit aux critiques judicieuses et aux justifications fondées sur la vérité et la justice. Cependant, quand il y a lieu, nous ne renonçons pas à nous disculper. Voici le texte de la première lettre, en date du 16 décembre 1872 :

« J'ai lu dans votre livre : *Derniers Avis prophétiques*, plusieurs passages qui m'ont fort surpris.

« A la page 129, vous m'attribuez ces paroles : « L'Église triomphera par une intervention divine, mais je suis convaincu que ce triomphe n'aura lieu qu'en 1874 ou 1875. »

« Il est probable que vous avez puisé cela dans des livres dont les auteurs ne se sont pas donné la peine de me consulter avant de publier ce qui me concerne.

« Il est vrai que Dieu m'a révélé le lieu et le mode du triomphe des défenseurs de l'Église sur la révolution (1), mais sans me préciser l'époque. »

____

(1) Comme on l'a vu dans le paragraphe précédent.

« Voici d'où vient cette indication d'années, que vous avez pu trouver dans diverses publications et que vous avez reproduite. J'avais à peu près douze ans, quand Dieu me découvrit plusieurs années futures, depuis 1870 jusqu'à la moitié de 1875, avec des alternatives de lumière et de ténèbres. La fin de 1872 était ténébreuse ainsi que 1873. Dieu me fit connaître que je souffrirais alors pour la religion. Les ténèbres diminuaient à l'automne de 1873. L'année 1874 m'était montrée lumineuse. Cette révélation eut lieu en plein jour, ainsi que celles dont Dieu a bien voulu me favoriser depuis que je suis prêtre.

« En 1870, un prêtre, celui-là même qui, à mon insu, a fourni un article sur Malétable à l'auteur des *Voix prophétiques*, m'ayant entendu dire que 1874 m'avait été montré lumineux, en concluait le rétablissement de l'ordre en France pour cette époque, et par suite le triomphe de l'Église. Cette lumière peut avoir cette signification, mais aussi je crois qu'elle signifie, avant tout, une époque plus heureuse pour moi que la fin de 1872 et 1873 (1). Dieu a voulu me soutenir dans les épreuves qu'il m'annonçait. — La lumière sur une année n'est pas la même chose que sur une contrée.

« Vous voyez, Monsieur, qu'on peut facilement *se fourvoyer* en interprétant, avant l'accomplissement, ce que Dieu révèle en figure ; ou en reproduisant trop facilement ce que les autres publient ou nous rapportent.

____

(1) Dans une autre lettre M. le Curé nous dit : «*cette révélation peut me concerner seul.* » — Remarquons que l'on peut découvrir plusieurs interprétations exactes, quoique différentes, sous la lettre d'un même texte prophétique, car la puissance de l'esprit divin sait renfermer plusieurs mystères dans une même parole ou figure plus ou moins énigmatiques.

Croyez-moi, ne publiez rien sans remonter à la source (1), quand cela est possible. Et encore prenez bien la pensée de celui qui vous parle. N'imitez pas un Père Eudiste, de Redon, qui vint l'année dernière me questionner. Pendant que je lui répondais, il crayonnait. Un instant après, je le priai de me montrer ses notes. Il venait d'écrire justement le contraire de ce que j'avais dit. Si je n'avais eu l'heureuse idée de vérifier son papier, il allait colporter par la Bretagne et m'attribuer des révélations de son invention, en ajoutant qu'il les avait écrites sous ma dictée. Peut-être vous-même bientôt les eussiez-vous publiées dans vos livres !

« La plupart des personnes auxquelles je raconte ce que Dieu a bien voulu me révéler, confondent les personnages, les dates, les lieux, etc., etc., ou changent une expression et par conséquent le sens de mes paroles ;

______

(1) La communication qui nous fut faite, a été publiée dans un de nos opuscules précédents, et nous avons voilé les noms en ne mettant que des initiales. Mais nous avions recouru d'abord à l'auteur inspiré. Or, comme il n'a répondu à nos demandes que par un laconisme déconcertant, nous avons dû croire qu'il ne voulait rien nous transmettre par écrit. Qu'on en juge par le texte de sa réponse, en date du 6 mai 1870, et que voici : « Monsieur, il faut vous décider à faire le pèlerinage de Malétable. Vous serez loin de le regretter. Agréez, etc. » Or, on n'est pas toujours prêt à se mettre en voyage quand rien n'y oblige. Si le voyant avait donné satisfaction aux désirs exprimés dans notre lettre, le texte en question n'eut pas été publié. Craignant d'être importun nous dûmes nous défendre de réitérer de sitôt aucune demande. Nous sommes donc *remonté à la source*, mais comme elle n'a rien *sourcé*, nous demandons humblement à qui la faute.

ou mettent au rang des choses révélées ce qui n'est qu'une simple interprétation d'un fait annoncé figurativement. Ainsi une prophétie devient méconnaissable, et l'œuvre de Dieu est anéantie par l'imprudence des hommes (1).

« Si les Juifs d'autrefois avaient été aussi légers que nos hommes d'aujourd'hui, Isaïe, Jérémie et les autres vrais prophètes de l'Ancien Testament auraient certainement été considérés comme des imposteurs, car leurs prophéties auraient inévitablement subi de nombreuses et profondes altérations comme les prophéties de nos jours. Mais les prophètes d'autrefois avaient un avantage sur les prophètes d'aujourd'hui, même en supposant leurs contemporains aussi légers que les hommes de notre époque. En effet, l'imprimerie n'étant pas encore inventée, les falsifications de leurs prophéties ne pouvaient au moins être facilement répandues de tous côtés. »

(1) Qu'il nous soit permis de faire ici une observation. En présence de ses auditeurs, M. le Curé de Malétable s'exprime parfaitement et aussi clairement que possible, et même assez lentement pour leur faciliter le souvenir de ses paroles ; mais il ne faut pas oublier que l'esprit humain étant un instrument plus ou moins imparfait, il est réellement impossible de saisir ou de retenir exactement un langage prophético-mystérieux, chargé de figures énigmatiques, souvent inintelligibles pour le prophète comme pour les personnes qui écoutent son récit. Il n'est donc pas hors de propos d'émettre un vœu, à savoir que M. Migorel se fasse une loi stricte de ne donner aucune version orale de ses prophéties relatives à l'avenir, et de ne communiquer celles-ci que par des textes écrits ou imprimés. Voilà, nous semble-t-il, le seul moyen capable de couper court à « l'imprudence des hommes » dont réellement le prophète porte la responsabilité par suite de sa propre imprudence.

VI

Suivons toujours M. Migorel dans son exposition justificative. Si elle est longue, elle est intéressante et instructive. Personne ne se plaindra ni des lumières qu'elle contient, ni de notre loyauté à les communiquer aux amis comme aux ennemis du prophète, pour la consolation des uns et la confusion ou la conversion des autres. Voici donc ce qu'il ajoute :

« Dans votre note de la page 127, parlant, d'après plusieurs prophéties et notamment les miennes, des calamités qui menacent la France, vous dites que vous attendez des tremblements de terre. Ici votre langage trop figuré disposera le lecteur à prendre la figure pour une réalité (1).

(1) Nous n'avons pas voulu parler au figuré, c'est bien dans le sens propre et littéral que nous avons cru devoir interpréter le passage suivant tiré plus ou moins fidèlement d'une vision de M. Migorel, et inséré page 129 des *Derniers Avis prophétiques* : « Tout à coup les ennemis « de l'Église sont comme soulevés de terre et renversés. « De la terre s'élève une épaisse fumée et un feu qui les « dévore. Frappés d'épouvante, ils veulent échapper au « danger par la fuite, etc. » Ce passage est rapporté ci-dessus avec quelques variantes, sous les n.os 17 à 20. D'autres textes de nos prophéties sont encore plus explicites et s'harmonisent avec celui précité. Or, il ne nous semble pas qu'on puisse préférablement les entendre figurativement. Beaucoup de personnes doivent sans doute partager notre sentiment, mais nous pouvons avoir tort de ne pas voir ici une prophétie figurative.

« Vous dites aussi, Monsieur, à la page 226, et vous répétez à la page 242 (1), que j'ai écrit une lettre dans laquelle j'annonce « qu'il faut se préparer au grand coup et avoir quitté Paris le 16 juillet, sinon... » Je vous prie de bien vouloir me faire connaître à qui j'ai écrit une lettre en ces termes, car je n'en ai aucun souvenir (2). Demandez l'autographe et vous verrez que votre correspondant vous a induit en erreur en changeant les expressions et le sens de ma lettre. Plusie urs personnes m'ont consulté pour savoir si elles devaient quitter Paris. J'ai toujours conseillé aux fidèles dè quitter cette ville sur laquelle pèse la colère de Dieu ; quant aux prêtres, qui ont charge d'âmes, je leur ai toujours conseillé de rester à leur poste ; mais jamai s je n'ai fixé à un jour près, comme vous le faites entendre, les malheurs de notre capitale. Quelqu'un me dit qu'il est forcé d'y séjourner jusqu'au 15 juillet à cause

---

(1) Cette répétition est le résultat d'un malentendu avec l'éditeur. Elle est regrettable ; mais elle fut intercalée par erreur, après un remaniement de composition et de mise en page, causé par l'intercalation d'une pièce reçue pendant l'impression du volume. La même observation s'applique à l'alinéa précédent (p. 226), répété à la page 224 des *Derniers Avis prophétiques*.

(2) Cette question ne peut s'adresser à nous, mais bien à un Père Lazariste, auteur de la lettre renfermant le dit passage ; ou au prêtre qui en a fait part à ce religieux, encore que ce prêtre nous ait informé n'avoir pas dit tout ce que le Père Lazariste a écrit. Il reste donc à celui-ci à se justifier, ou à s'avouer coupable. Nous verrons jusqu'où va son courage, car nous avons réclamé à ce sujet, à qui de droit.

de ses affaires. Je réponds de ne pas y rester plus tard (1).
Quand on a lieu de craindre un danger, un retard volon
taire à le fuir est une imprudence. La destruction de Paris
étant annoncée, personne ne savait s'il y aurait assez de
prières et de pénitence pour obtenir un délai dans le châtiment (2). Il me semble, Monsieur, qu'il n'est même pas
du tout nécessaire d'être prophète pour donner cet avis.

« De plus, vous dites que je me suis *déjà fourvoyé plus
d'une fois dans la fixation des dates.* J'ai plusieurs ré-
ponses à vous donner :

« 1° Je puis passer pour m'être fourvoyé vingt fois par
jour, comme dans la date du 16 juillet, si les autres se
chargent de parler pour moi, et s'ils altèrent mes paroles
et mes lettres. Quand même j'aurais la véracité des écri-
vains sacrés, je serais toujours accusé. Est-il une autre
date que l'on me reproche comme celle dont on vient de
parler ? qu'on me la signale et je répondrai. Vous verrez
alors qui s'est fourvoyé.

« 2° Plusieurs faits m'ont été révélés à époques fixes,
par exemple : une persécution contre moi à la fin de 1872

---

(1) Cette réponse prise au pied de la lettre était suffisante pour faire conclure aux personnes anxieuses qu'il
fallait avoir quitté Paris avant le 16 juillet, car quand on
considère un homme comme le confident des secrets du
ciel, on est porté à croire, à tort ou à raison, que sa parole renferme une prophétie dans une foule de circonstances. Elle n'est pas regardée comme celle d'un homme
ordinaire. On s'y arrête, on la commente plus ou moins
bien, ou plus ou moins mal.

(2) Plus loin, dans le paragraphe IX, nous donnons
des prédictions inédites appuyant ces réflexions.

pour des motifs de religion ; la durée de mon vicariat à
Nocé ; ma nomination à la paroisse de Malétable ; l'achè-
vement de l'église de Notre-Dame de la Salette ; la réac-
quisition du Val-Dieu par les Chartreux, etc., etc. Or, ces
faits et d'autres encore se sont tous réalisés au temps indi-
qué, quelquefois à vingt-quatre heures près, ou même
jour pour jour, quoiqu'il fut absolument impossible de
soupçonner par les seules lumières naturelles, non-seulement l'époque de leur accomplissement, mais encore le
fait lui-même, lorsque j'annonçais l'un et l'autre. Je dois
ajouter que chacun des faits révélés est toujours accompa-
gné, dans son accomplissement, d'une circonstance extraordinaire non révélée, qu'il n'est point possible de prévoir,
ni par conséquent de préparer d'avance.

« Si je me trompe, c'est quand je veux expliquer, avant
leur réalisation, des faits qui ne m'ont été révélés qu'en
figure. C'est ce qui arrive à tous les interprètes des prophéties. Voilà une distinction importante à faire à vos
lecteurs.

« Ainsi notre dernière guerre me fut révélée, à midi,
le 11 juin 1860, sous forme de ténèbres qui s'avançaient
sur telle ou telle contrée de la France. Les ténèbres étaient
plus épaisses là où le mal devait être plus grand. Paris me
fut montré d'une noirceur extraordinaire, d'un noir tigré à
plusieurs reprises ; je vis notre victoire sur la Loire, sous
forme de soulèvements lumineux dans toute la contrée.

« Pendant dix ans mes explications ont été hasardées.
Je comprenais seulement qu'il s'agissait de grands
malheurs. Mais quand la guerre franco-allemande a éclaté,
j'ai pu désigner les points où passeraient les ennemis, et

indiquer à plusieurs personnes les autres points où les ennemis n'iraient pas, afin qu'elles s'y retirassent, car j'avais vu la marche des ténèbres.

« 3° Enfin voici une troisième réponse qui vous fera comprendre lequel de nous deux s'est fourvoyé.

« Je lis à la page 176 de votre ouvrage susdit, « que « l'exécution des prophéties annonçant des châtiments est « toujours subordonnée à la puissance du contre-poids des « iniquités de la terre, c'est-à-dire aux prières, aux péni- « tences et aux bonnes-œuvres que les âmes d'élite dé- « posent dans la balance de la justice divine. » A la même page, vous faites l'application de cette vérité à une prédic- tion de la stigmatisée d'Oria, qui ne s'est pas accomplie dans toute la rigueur annoncée. Sans doute aussi pour ce motif vous n'adressez aucun blâme à cette femme extraor- dinaire qui annonçait (page 177), qu'au mois de juillet 1872 (1), l'Espagne, la France et l'Italie entreraient dans une phase de bouleversements horribles, quoique l'état des choses soit resté depuis juillet à peu près le même qu'il était au mois de mai et de juin. Vous ne blâmez pas davan-

---

(1) Nous n'avons considéré cette annonce que comme une *tartine* plus ou moins fantaisiste du correspondant de l'*Univers*. Il était facile à quiconque a tant soit peu l'usage des documents prophétiques, de soupçonner que s'il y avait du vrai dans le récit de l'*Univers*, il devait y avoir aussi du faux. Aussi nous n'avons pu croire à son authenticité. Nous avons même pu, dans la suite, rec- tifier les dires du reporter de ce journal, ainsi qu'on le voit à la note de la page 239-240 des *Derniers Avis pro- phétiques*, et à la page 16 de *La Grande Crise et le Grand Triomphe*. — Le paragraphe IX ci-après, complète ces rectifications.

tage la bergère de la Salette, qui écrivait au mois de mai à sa sœur de ne pas tarder à quitter Marseille et qui demandait que son frère s'éloignât de Paris sans différer (page 232), quoique jusqu'à ce jour rien d'extraordinaire ne soit arrivé à ces deux villes, depuis que Mélanie parlait ainsi. Pourquoi ne faites-vous pas aux paroles que vous m'attribuez l'application de votre précédent principe sur les châtiments conditionnels, comme vous la faites aux autres? Pourquoi cette partialité? (1) Si je me suis fourvoyé, vous

---

(1) Il n'y a point de partialité, encore qu'il puisse y avoir une erreur involontaire. Le récit du père Lazariste que nous avons rapporté sous la rubrique « *Confirmation des prochaines catastrophes prédites* », p. 236 à 242, nous semblait en grande partie digne de créance et concorder avec d'autres annonces dont nous craignions la prompte réalisation, comme on le pensa un moment, quand les troupes de Paris furent consignées. Nous ne pouvions alors accuser ce religieux d'être un faussaire, ou un reporter mal informé. Cette parole : « Il faut avoir quitté Paris le 16 juillet, sinon.... » nous agaçait et d'autant plus facilement que, le 12 août 1870, un autre père Lazariste nous avait déjà écrit ceci : « Le curé-prophète « ne doit être chassé de Malétable que dans le mois de « mai prochain. J'espère que cela ratera comme le reste. » C'est donc sous l'empire d'une prévention, que nous croyions fort légitime, que nous avons formulé une critique sévère contre M. Migorel et que nous avons placé la note suivante, à la suite de la malencontreuse phrase : « Il faut avoir quitté Paris le 16 juillet, sinon.... »

« Pour parler ainsi, avons-nous dit, il faut que ce vénérable curé-prophète ait une révélation bien positive ; car, le 2 octobre 1869, il écrivait les lignes suivantes rétractant ses premières hardiesses téméraires : « Il faut être extrêmement réservé dans les applications et « surtout dans les fixations d'époques. Je me suis moi-même plusieurs « fois trompé en jugeant des choses comme on juge ordinairement de « la distance des objets que l'on considère à l'horizon. Si vous voyez

voyez que je ne suis pas le seul. Cependant vous voulez que je subisse les blâmes pour tous (1). — La menace des châtiments est conditionnelle : vous l'admettez (2). Donc un malheur peut être annoncé, même à jour fixe, et ne pas arriver, si des conversions, ou simplement les prières des justes obtiennent que le châtiment soit différé ou détourné. Pourquoi oubliez-vous cette vérité incontestable, quand il s'agit de moi (3)? Si vous eussiez vécu au temps

« par exemple, plusieurs sommets de montagnes dans la même direc-
« tion, vous pouvez peut-être évaluer à peu près la distance qui vous
« sépare du premier ; mais comme les larges vallées, qui sont de l'autre
« côté sont dérobées à votre vue, vous croyez facilement, quoique souvent
« à tort, que le second sommet est très-rapproché du premier et que
« peut-être même il repose sur la même base. Celui à qui le Seigneur
« daigne soulever un peu le voile de l'avenir, se trouve exposé à
« cette méprise, lorsque l'époque de certains faits subséquents lui
« demeure cachée : il juge ces derniers faits très-rapprochés des pre-
« miers, ce qui souvent n'a pas lieu. »

Enfin nous devons avouer que les paroles précitées de M. Migorel fortifiaient nos préventions contre lui et nous invitaient à prévenir charitablement le public que ce digne prêtre « s'est déjà fourvoyé plus d'une fois. » Car quand M. Migorel dit : « Je me suis moi-même plusieurs fois trompé en jugeant des choses, etc., » nous comprenions qu'il s'était plusieurs fois trompé *dans la manière de saisir ses visions* à l'instant où Dieu les lui manifestait. Il est donc regrettable que le prophète n'ait pas dit : « Je me suis moi-même plusieurs fois trompé *dans mes interprétations* en jugeant, etc. » Consolons-nous en nous rappelant la maxime : *Errare humanum est.*

(1) Nous ne voulons que le triomphe de la vérité, du droit et de la justice.

(2) Nous l'avons dit et répété maintes fois dans nos livres et peut-être plus que tout autre. Qu'on lise l'*Avenir dévoilé*, paru en août 1870 et les opuscules subséquents.

(3) Nous ne l'oublions pour personne. Mais il paraît évident que Dieu a permis que l'opinion de ses créatures se

de Jonas, vous auriez sans doute dit aussi qu'il s'était four-voyé, puisque la ruine de Ninive n'arriva point au bout de quarante jours comme il l'avait annoncée (1). Mes trois ré-ponses vous montrent clairement qui est-ce qui se fourvoie. »

VII

M. le Curé de Malétable continue sa lettre en ces termes :

« En citant en note, page 242, une lettre de moi, écrite le 2 octobre 1869 (2), vous dites que *j'y rétracte mes premières hardiesses téméraires*. Lisez attentivement cette lettre. Je n'y rétracte rien de ce qui m'a été révélé (3) ; mais j'y reconnais, et en cela je m'accorde avec les Pères et les Docteurs de l'Église, — que lorsqu'on veut

---

tournât à tort contre un Saint homme, afin que celui-ci fut comme le bouc émissaire portant sur lui les péchés du peuple. Telle était la mission des prophètes sous l'an-cienne loi, telle est encore leur noble et sainte mission sous la loi de grâce. Alleluia *ter*.

(1) Oui, peut-être, s'il y avait eu des esprits préve-nus contre le prophète, et que nous eussions nous-même subi involontairement leur fâcheuse influence appuyée par les dires amphigouriques du voyant. Mais les Nini-vites crurent *tous* à la parole de Jonas, comme étant celle de Dieu ; il est donc probable que nous aussi nous eus-sions pensé comme les habitants de Ninive, surtout à cause des ordres manifestés par le roi de la grande ville.

Le cas n'est donc pas tout à fait analogue.

(2) Elle est reproduite plus haut, page 31, note 1.

(3) Nous avions cru le contraire comme on vient de le voir et notre sentiment était celui de beaucoup de per-sonnes. Nous avons expliqué pourquoi.

expliquer une prophétie avant son accomplissement, et surtout fixer l'époque de l'accomplissement quand cette époque n'a pas été révélée, on est presque toujours en dehors de la vérité. La fin de la dite lettre prouve qu'il ne s'agissait que d'époques que je n'avais pas données comme révélées. Que signifie, en effet, cette phrase : « Celui à qui le Seigneur daigne soulever un peu le voile de l'avenir se trouve exposé à cette méprise, lorsque *l'époque de certains faits subséquents lui demeure cachée* ? Le bon Dieu veut montrer que ce qu'il révèle ne peut être prévu même par celui à qui il le révèle. En vous lisant on est tenté de croire que je me rétracte sur des époques que j'aurais données comme révélées. Et peut-être l'avez-vous cru vous-même (1). Autrement comment expliquer un blâme si énergique ? Et cependant je n'ai fait sur ce qui m'a été révélé que ce que font les commentateurs de l'Écriture Sainte sur les écrits des prophètes. Pensez-vous que tous disent vrai en expliquant, chacun à sa manière, les révélations faites à saint Jean ? Vous ne traitez pas pour cela leurs écrits de *hardiesses téméraires* (2). Et vous-

---

(1) Oui, nous attaquions le prophète et non pas l'interprète, car à nos yeux, M le curé de Malétable n'a pas suffisamment fait ressortir qu'il s'agissait de ses interprétations et non de ses révélations. Il y a confusion dans son langage, tout beau qu'il est. Et tout d'abord nous n'avons vu qu'un prophète fourvoyé, qui faisait humblement son *mea culpa*. Voilà ce que nous avons cru.

(2) Répétons donc que les hardiesses téméraires que nous reprochions à M. Migorel concernent ses révélations et non ses interprétations. Nous le croyions un pseudo prophète, et nous tenions à mettre le public en garde contre lui. Au reste, nous comptons savoir un jour toute la vérité par un *moyen surnaturel*.

même, Monsieur, remplissez vos livres prophétiques de commentaires dont l'avenir prouvera la fausseté (1). Aurez-vous alors la pensée d'écrire au public que vous rétractez vos hardiesses téméraires (2) ? Si vous ne le

---

(1) Nous ne nous en préoccupons point. Nous avons dit et répété tant et plus que nous ne faisons que des *essais* imparfaits, défectueux, susceptibles probablement de beaucoup d'améliorations. Nous avons pris l'avance sur la plus sévère critique, aussi nous ne la craignons pas, nous la désirons, car c'est souvent du choc des idées que jaillit la lumière. Convaincu de notre faiblesse, nous avons fait appel à la science des hommes compétents dans l'espoir d'élucider beaucoup de difficultés. Il est vrai que peu osent y répondre, attendu que dans le champ libre des conjectures et des interprétations du domaine prophétique, l'esprit humain reconnaît sa petitesse et combien il lui est facile de s'égarer. Nous en avons mille et mille preuves dans les écrits des plus doctes personnages et des plus beaux génies dont s'honore l'Église. Cependant nous avons écrit, le 2 octobre 1872, dans l'avant-propos du *Phare prophétique ou l'Avenir dévoilé jusqu'à la fin du monde*, que dans « nos commentaires nous préférons dire plutôt trop que « trop peu, afin de mieux captiver l'attention de l'intelli- « gent lecteur, car une interprétation fausse ou défec- « tueuse lui en fait souvent trouver une bonne ou une « meilleure que celle de l'auteur, lequel, par anticipation, « met ainsi joyeusement l'amour-propre sous ses pieds. »

(2) Si nous commettions vis-à-vis du public des hardiesses téméraires, nous nous sentons, Dieu merci, assez de force d'âme pour avoir le courage de les rétracter publiquement. Plus d'une fois nous avons imprimé que nous ne sommes qu'un homme faillible et que les événements en se déroulant projettent des rayons de lumière sur les textes prophétiques et nous obligent, sans vergogne, à changer plusieurs de nos premières interprétations, qui peuvent être erronées sans être des hardiesses

faites pas, pourquoi le faites-vous maintenant pour moi ?
Cependant il n'en résulterait pas pour vous des consé-
quences graves comme pour moi. Car ce que vous dites à
mon sujet est non-seulement un moyen d'anéantir le bu
que Dieu s'est proposé en me révélant les malheurs de
la France et de l'Italie à cause surtout des profanations
du dimanche, des blasphèmes, de la profanation du saint-
sacrifice et du vice impur, puisque vous empêchez de
croire à ces révélations ; mais, par contre-coup, c'est
aussi un moyen de détruire le pèlerinage de Malétable,
qui depuis six ans a ramené à la sanctification du dimanche
un grand nombre de familles de différents diocèses. La
droiture de votre conscience vous dira ce que vous avez
à faire pour réparer le mal (1).

---

téméraires. Si nous ne le disons pas toujours d'une manière explicite à l'endroit de chaque erreur, nous le disons implicitement par les nouveaux commentaires que
nous publions. Et si quelqu'un en rougit, ce n'est pas nous;
nous rougirions plutôt s'il arrivait que nous eussions
deviné juste.

(1) Si c'est pour nous un devoir de conscience de réparer le mal que nous avons pu faire involontairement à
la réputation de M. Migorel et au pèlerinage de Notre-
Dame de la Salette de Malétable, nous ne voyons pas
d'autre moyen efficace d'y apporter remède qu'en publiant cet opuscule et en en lançant d'abord trois mille
exemplaires aux quatre coins du monde. C'est donc généreusement que nous servons la sainte cause qu'a tant
à cœur le respectable-curé de Malétable, car les frais de
cette publication sont à notre charge. Si quelqu'un de
Malétable, voire même son vénéré curé, nous accorde
son concours en acceptant un dépôt de cet opuscule, les
pèlerins pourront travailler, par reconnaissance ou par

« N'allez pas croire que je tienne à la réputation de prophète. En 1865, pour obtenir que des désordres graves et publics, qui avaient lieu dans ma paroisse, eussent une fin (1), je fis cette prière avec un désir immense, car j'étais affligé jusqu'aux larmes : « Mon Dieu, pour que ces désordres cessent, je vous fais le sacrifice de ma réputation : que je passe pour faux prophète. » Les désordres ne se sont pas renouvelés, et vous même, Monsieur, avez travaillé à sacrifier ce que j'offrais à Dieu (2), et *cela à la fin de* 1872.

« Toutes ces choses ne refroidiront pas la charité entre vous et moi, je l'espère.

« J'ai dit précédemment qu'une persécution m'avait été annoncée pour la fin de 1872 et pour 1873. Cette persécution a commencé au mois de septembre. Les faits sont tels qu'un de ceux qui y a contribué et qui revient à des idées plus charitables, M. le Curé de Longny, me disait dernièrement : « Il est certain qu'il y a maintenant contre vous une véritable persécution. »

« Vous en apprendrez plus tard les curieux détails. Laissons les événemeuts s'accomplir. Priez beaucoup pour moi. »

---

dévouement, à la diffusion de la vérité, à l'extension du pèlerinage et à l'exaltation bien méritée de son zélé et digne fondateur. Et Dieu, encore une fois, trouvera sa gloire à tirer le bien du mal.

(1) C'étaient des danses publiques, chaque année, devant l'église, le jour de la fête de saint Laurent.

(2) Le généreux sacrifice de M. le curé de Malétable était sans doute trop parfait pour n'être pas agréable au cœur de Dieu. Aussi son triomphe futur devra être pro-

VIII

Pour parfaire les justifications de M. le Curé de Malétable, il nous reste à faire connaître un dernier passage de son autre lettre précitée du 6 janvier 1873.

Dans notre correspondance avec ce digne prêtre, nous eûmes occasion de mentionner des lignes ci-dessus rapportées, émanant d'un Père Lazariste. Elles disent : « Le Curé-prophète ne doit être chassé de Malétable que, etc. » Or, voici la réponse de M. Migorel :

« Je n'ai jamais dit au Lazariste dont vous me parlez et que je crois être le R. P. X... (1), que je devais *être chassé* de ma paroisse. Je lui ai dit qu'en 1860 le bon Dieu m'avait révélé que je serais dans *l'obscurité*, *l'isolement et la souffrance.*

« J'avais alors devant moi un diocèse, du côte du nord, couvert de ténèbres. Ceci s'est réalisé au commencement de 1871. C'est le temps qu'indique ce Lazariste. Je suis tombé gravement malade et j'ai même reçu l'extrême-onction. Pendant longtemps, j'ai été privé de lumière, car, dans cette maladie, j'ai manqué de perdre la vue. J'étais seul comme toujours : je n'avais que les secours de personnes étrangères à ma maison. Durant ce temps, le diocèse d'Évreux, situé à peu de distance de Malétable, du côté du

portionné à ses épreuves. Quant aux instruments de celles-ci, il peut y en avoir de gravement coupables, mais nous espérons bien n'être pas du nombre de ces derniers.

(1) Pour ne contenter ni mécontenter personne, nous taisons le nom, mais M. le Curé ne se trompe pas.

nord, était envahi par les Prussiens. Tout s'est donc réalisé.

« Cependant, pour des raisons qu'il serait trop long d'exposer ici, mais que je consignerai dans l'histoire que je me propose de rédiger, comme je ne comprenais pas à l'avance le sens de ce qui m'était annoncé, j'avais dit à bien des personnes que je craignais que ce fut la prison pour moi, dans un moment de persécution.

« Ayant vu près de moi, du côté du nord, un diocèse couvert de ténèbres et que je croyais être le diocèse d'Évreux, je pensais et je disais que ce qui m'était annoncé m'arriverait probablement dans la *contrée de Dreux*, qui a le diocèse d'Évreux au nord. Or le diocèse d'Évreux est autant au nord de Malétable, où j'ai souffert, qu'au nord de Dreux. D'un autre côté, Malétable peut être absolument considéré comme étant dans la contrée de Dreux.

« Au reste, je ne répondrai pas complétement à toutes les objections que l'on peut faire sur ce que j'ai annoncé. Pour que ma réponse fut suffisante et convaincante, il me faudrait faire l'histoire détaillée des faits surnaturels accomplis à Laleu, à Sainte-Marguerite de Carrouges et à Malétable. Or, je n'ai pas le temps de faire ce travail actuellement. Plus tard, oui, je le ferai s'il plaît à Dieu (1). »

---

(1) Nous espérons que M. Migorel ornera son livre d'une photographie ou d'une gravure de ses œuvres matérielles, représentant l'église la tour et le presbytère de Malétable. La photographie de ce charmant groupe se vend déjà à Malétable, en grand et petit formats.

IX

Afin d'élucider, de corroborer et de compléter divers passages des pages précédentes, nous croyons à propos de divulguer ici des communications restées inédites jusqu'à cette heure. Elles seront sans doute accueillies avec dédain par les optimistes, mais avec reconnaissance par les esprits clairvoyants, car elles projettent un nouveau faisceau de lumières sur l'année terrible 1873. Année encore mystérieuse au moment où nous traçons ces lignes, mais qu'un nstinct prophétique universel désigne comme l'époque de la crise suprême et sanglante qui doit amener le miraculeux triomphe de l'Église et en même temps le retour des grandeurs de la France.

1° *Le Curé d'Ars.* — Dans l'un de nos derniers opuscules (1), nous avons publié le texte fusionné et interprété des prophéties du saint curé d'Ars. Aujourd'hui nous offrons un complément à cette pièce. Mais la circonspection nous oblige à ne le livrer que sous nos réserves habituelles, bien que nous le tenions de notre honorable correspondant M. H... d'E... Par sa lettre du 15 août 1872, il nous affirme avoir reçu cette communication d'un homme sérieux en qui il a la plus grande confiance. Voici en quels termes s'exprime celui-ci dans sa lettre en date du 27 septembre 1871 :

---

(1) *La Grande Crise et le Grand Triomphe*, d'après le curé d'Ars, l'extatique d'Oria et Mélanie de la Salette, 1 broch. in-12 de 25 centimes.

« ... J'ai fait la connaissance de l'ami et du confident intime du saint curé d'Ars (1). Il m'a affirmé que bien des fois le saint curé lui avait répété que la prophétie d'Orval était d'intuition divine et qu'elle se réaliserait de point en point, notamment en ce qui concerne la ruine de Paris, de laquelle Monsieur Vianney disait : « Elle est irrévocable, elle sera complète. Paris, ajoutait-il, m'a coûté bien des larmes, bien des prières, mais je n'ai pu obtenir sa grâce parce qu'il ne se convertira pas. Il sera détruit. »

« Ce qui est plus extraordinaire, c'est que le saint curé aurait encore dit que ce seraient les armées étrangères qui détruiraient Paris. Or ce ne seraient donc pas les deux siéges de 1870-71 qui seraient les derniers. Donc on peut conclure que nous aurons une seconde invasion (2).

---

(1) Il ne s'agit pas ici du frère coadjuteur de la Congrégation de la Mission, mais d'une autre personne. Que le Père H..., de Paris, ne soit pas jaloux!

(2) Le curé d'Ars a prophétisé cette seconde invasion, mais aussi la défaite de nos ennemis, dans les termes les plus clairs et les plus positifs. Voir *La Grande Crise et le Grand Triomphe*, p. 13-14. — En annonçant notre glorieuse revanche contre les Prussiens, le vénérable Curé dit : « ...Alors on leur reprendra tout ce qu'ils auront enlevé et même beaucoup plus. » Or, dans notre explication, nous disons que la France reprendra à ses ennemis « d'abord la Lorraine et l'Alsace, puis nos milliards. » Mais nous n'avons pas dit ce qu'il faut entendre par ces mots : « et même beaucoup plus. » Or, depuis nos nouvelles études sur d'autres textes prophétiques, nous croyons qu'il nous est permis de déclarer que les frontières de la France s'étendront alors jusqu'au Rhin, sur tout son parcours, depuis l'extrémité nord-est du département du Bas-Rhin jusqu'à la mer. Voilà les limites

« Oui, s'écriait M. Vianney, ce que dit le prophète d'Orval s'accomplira : Les justes seront épargnés..... Éclairés par des avertissements terribles, les hommes de bien quitteront Paris ; et peut-être un million d'habitants aura quitté Paris quand le châtiment arrivera. »

« D'après le saint curé, la crise durera peu, mais elle sera affreuse... Enfin, « ce sont, disait-il, les châtiments de Paris qui convertiront les esprits et rendront possible le retour de Henri V. »

2° *La Stigmatisée d'Oria.* — Vers la fin de juillet 1872, nous avons pris copie de deux documents prophétiques envoyés par un Père Lazariste de Paris et transmis par nous à M. l'abbé Curicque. Trois fragments seulement

---

naturelles de la France au nord. Pour émettre cette opinion, qui n'est bien entendu qu'une conjecture, nous nous basons sur plusieurs prophéties, entr'autres celles de saint Paterne, (voir *le Supplément à l'Avenir dévoilé*, p. 50) annonçant que « des diamants » (des conquêtes) « choiront dans le calice » (de la France) « qui pousse de nouviaux et biaux blasons » par l'annexion de la Belgique et des pays circonvoisins jusqu'à la rive droite du Rhin, puisque Olivarius dit dans sa prophétie que les peuples guerriers de la Gaule-Belgique se réuniront aux Parisiens d'abord probablement par une entente cordiale, et que « par après les immenses Gaules *seront* déclarées « par toutes les nations, grande et mère-nation, » c'est-à-dire que la France reprendra les limites des anciennes Gaules, au nord, par suite d'un nouvel équilibre politique. Alors la France sera reconnue, respectée et honorée par les autres puissances comme la reine des nations. Alors encore notre grand roi Henri V sera sacré à Reims et couronné à Aix-la-Chapelle, d'après divers textes de nos *Derniers Avis prophétiques.*

ont été publiés dans un de nos précédents opuscules. L'une de ces pièces contient de récentes révélations de la signora Palma, la célèbre stigmatisée d'Oria. Elle fut recueillie par MM. G. et B., de Paris, qui, au mois d'avril 1872, firent un voyage à Oria.

Dans leurs deux premières visites à l'extatique, ils remarquèrent que celle-ci avait le front très-net; mais après l'action de grâces d'une communion de Palma, ils virent sortir de quatre points du milieu du front, c'est-à-dire des stigmates figurant la couronne d'épines de Notre-Seigneur, quatre filets de sang de la largeur du petit doigt: ce sang arrosait le visage et les mains de cette femme extraordinaire. Alors on lui passa un linge très-blanc dont elle s'essuya. Il en résulta sur le linge, non pas des taches de sang, mais des emblèmes très-distincts et parfaitement peints. C'étaient des cœurs enflammés, des clous, des glaives. Voilà les faits prodigieux que ces honorables et pieux Messieurs ont vus de leurs propres yeux.

Depuis les regrettables exagérations commises par *l'Univers*, Palma fut en butte à la persécution et aux menaces violentes, ainsi que son évêque et son confesseur; aussi la signora ne parle plus de l'avenir politique en face des visiteurs importuns. Mais devant la distinction des deux personnages susdits elle fut assez expansive, comme on va le voir par le résumé suivant :

1. Le 5 avril 1872, Palma déclarait que la volonté actuelle de Dieu était de châtier de nouveau la France dans le mois de juillet suivant, mais que les signes décisifs ne lui ayant pas été montrés, il était possible que les fer-

ventes prières pussent retarder les nouvelles épreuves (1).

2. Les ennemis (2) reviendront, ils envahiront la France ainsi que l'Italie. Cela arrivera précisément au moment où la France se croira bien près d'être délivrée des Prussiens et lorsqu'on parlera le plus de la libération définitive du territoire. Si l'on veut s'assurer la tranquillité, il faut se retirer dans le Nord, en Angleterre, par exemple, ou du

---

(1) Nous aimons à penser que le cœur de Dieu a dû être puissamment touché, et s'est vu forcé de différer l'éclat des vengeances, devant surtout les pieux élans que la vraie France a manifestés durant l'été de 1872, d'une manière si sublime, si grandiose, dans les pacifiques croisades nationales de la Salette, de Lourdes, d'Issoudun, de Tours, de Sainte-Anne-d'Auray, etc., etc.

Mais depuis ces pèlerinages, des doses préparatoires aux grandes justices divines ont fondu sur la France, sur l'Italie, sur l'Europe, par le terrible fléau des inondations et des ouragans, qui ont fait et font encore tant de ravages et de désastres ! Nous oublions trop vite, ou plutôt nous ne savons pas assez reconnaître que les éléments ainsi déchaînés contre l'homme sont des instruments de la miséricordieuse justice de Dieu. Ils avertissent, ils châtient, ils montrent l'irritation du Tout-Puissant, ils rappellent aux peuples leurs iniquités et leurs devoirs. Ils crient à tous : convertissez-vous, faites pénitence ! « Ce sont nos péchés (les péchés des peuples), qui ont provoqués ces catastrophes ! » s'écriait naguère l'auguste prisonnier du Vatican, l'incomparable Pie IX. Et Sa Sainteté ajoutait aussitôt : « La main de Dieu s'appesantira de plus en plus sur les hommes, s'ils ne veulent se convertir ! »

(2) Les Prussiens, qui, eux aussi, sont de terribles instruments de la colère de Dieu, pour punir les déréglements de la France et l'abandon de sa politique séculaire envers le Chef de l'Église et pour l'obliger à rentrer dans le chemin du devoir et de ses glorieuses traditions.

côté de Louise Lateau, en Belgique (1). Ces deux contrées ont été désignées nommément par la voyante.

3. Il ne faut pas servir T 76. 3. 9. 6 (2), car c'est un coquin : il n'est point stable. Il faut fuir Paris le plustôt possible, et même aller bien loin de Paris. Lyon, Marseille, Bordeaux et une quatrième ville du Midi seront aussi terriblement châtiés.

4. En parlant des nouveaux malheurs qui vont fondre sur la France, Palma annonce que la guerre deviendra presque universelle (3). Ces malheurs seront tels que la France sera obligée de se convertir : *elle ne pourra pas faire autrement*, ajouta la voyante, d'un ton fort effrayant.

5. A Rome, le pétrole jouera son infernal rôle d'incendiaire ; des prélats seront massacrés et des religieuses

---

(1) C'est la stigmatisée de Bois-d'Haine, dans le Hainaut français, au diocèse de Tournay. Elle est en communication surnaturelle avec Palma.

Un R. P. capucin, professeur de théologie, a affirmé à l'un de nos honorables correspondants, que le vénérable curé d'Ars, avant sa mort, avait annoncé à un prêtre de la connaissance de ce religieux, que de grands fléaux fondraient bientôt sur la société, mais que la Belgique aurait peu à souffrir en comparaison d'autres nations. De là on doit conclure que la Belgique subira aussi un châtiment, mais sans doute postérieurement à la crise de la France, car Palma a dit au docteur Imbert, de Clermont-Ferrand, que Louise Lateau ferait des prodiges durant les maux ou les malheurs qui doivent fondre sur la Belgique.

(2) Pour traduire ces chiffres et d'autres qui sont plus loin, le lecteur n'a qu'à consulter la *clef chirographique*, qui se trouve à la page 293 des *Derniers Avis prophétiques*.

(3) Cette guerre générale est la conflagration européenne prédite par diverses prophéties.

seront coupées en morceaux et hachées. Palma a fait dire au Saint-Père de quitter Rome, s'il ne voulait pas voir sa vie dans le plus grand danger (1). La voyante se montre très-inquiète sur ce point, sans rien dire de plus. Elle dit l'Église très-menacée, à la mort de Pie IX, de voir renaître le fléau des antipapes à cause des intrigues des puissances (2).

6. Palma a bien vu les signes de la miséricorde de Dieu sur la Russie, la Turquie et l'Angleterre ; ces puissances se convertiront avant la fin du siècle.

7. En parlant de Louise Lateau, Palma dit ces mots : « C'est une séraphine d'un cœur si ardent et si pur que « Notre-Seigneur lui dit : « Je t'aime tant que je ne « puis rien refuser à ta prière. » — Quand Louise se « sera davantage pénétrée de la Passion du Sauveur,

---

(1) Cette annonce paraît être en contradiction avec une autre vision de Palma que nous a transmise directement la pieuse et digne sœur Marie de la Croix, dans sa lettre du 29 octobre 1872, et que nous avons publiée dans *l'Appendice* de l'opuscule *Le Prophète David Lazzeretti*. Or, la contradiction n'est réellement qu'apparente, car les paroles de Palma subissent les différentes vues surnaturelles dont elle est successivement favorisée sur la marche des événements et les projets de la Révolution.

(2) Les *Derniers Avis prophét.* contiennent des textes qui ne laissent aucun doute sur l'élection d'un antipape à la mort de l'héroïque Pie IX. Nous ne pouvons nous défendre de penser que la joie extraordinaire, surhumaine, dont Sa Sainteté est remplie, tire sa force principale d'une grâce préparatoire à son martyre réel. — Dans *l'Echo de Rome* du 24 août 1872, nous avons nommé en toutes lettres le cardinal allemand qui semble être désigné par nos prophéties, comme devant être antipape.

« son intellect deviendra aussi éclairé que son cœur est
« enflammé. Alors elle recevra les dons qui lui manquent
« à présent. Ce sera une grande sainte, qui fera de
« grandes choses. »

8. Palma a ensuite parlé d'une fillette âgée actuellement de dix ans, qui habitait Paris, du côté de la rue du
Bac, dans une des maisons incendiées par les communards.
Puis la voyante ajouta : « Cette enfant sera aussi une
« grande sainte. Elle est à cette heure hors de Paris. »

Par une lettre du mois de juillet 1872, M. G... apprit
que Palma aurait déclaré tout récemment à un visiteur,
que les événements de malheur étaient retardés, par un
effet de la divine miséricorde, jusqu'à l'année 1873.
M. G.... a soin d'ajouter : « Comme ceci ne m'est pas
venu directement, je ne puis être sûr du témoignage. »

Cette déclaration attribuée à Palma nous semble très-
admissible, lorsque nous la mettons en regard de nos
autres prophéties et de la préparation actuelle des événements.

3° *La Stigmatisée de Pau.* — Quant au second document dont il est parlé plus haut, nous allons en faire le
récit le plus véridique , d'après de nouvelles informations;
car le moment nous paraît opportun de ne plus laisser
dans l'ombre une précieuse fleur du jardin mystique de
la sainte Église. Comme depuis plusieurs années elle em-
baume le cloître des vénérables Dames Carmélites de
Pau, si agréables au cœur de Dieu, il est juste qu'elle
répande maintenant un peu de son parfum au dehors.

Espagnole d'origine, cette religieuse est favorisée de
grâces extraordinaires. Comme Palma et Louise Lateau,

elle porte humblement sur sa chair virginale les sacrés stigmates du divin Crucifié. Elle est aussi douée du don de prophétie. Voici à quelle occasion elle s'est dévoilée au monde.

Au Carmel du Pau fleurit la sainte pauvreté. Ne pouvant s'acquitter d'une dette de vingt mille francs, la Révérende Mère Prieure avait lieu de s'en préoccuper. Or, un jour que la religieuse stigmatisée était plongée dans la ferveur de son oraison, une jeune fille lui apparut en proférant ces mots : « Dites à votre Supérieure qu'elle écrive à M. de N 3. 537. + 73. l, à Paris, rue de Gre....., n°..., afin qu'il vous donne gracieusement les vingt mille francs dont votre couvent a besoin. »

Cet ordre fut exécuté en toute confiance, encore que M. de N... fut inconnu des dignes filles de la séraphique sainte Térèse.

Fort surpris d'une pareille demande, M. de N... répondit par un refus très-formel.

Cependant quinze jours environ s'étaient écoulés, lorsqu'une nouvelle apparition de la même personne réitéra sa première recommandation à la stigmatisée. Celle-ci répliqua que sa Supérieure avait écrit à M. de N..., mais que sa lettre n'avait eu aucun succès. Alors l'apparition ajouta : « Qu'on écrive de nouveau à M. de N... Dites-« lui surtout que les obstacles sont levés et qu'il peut re-« mettre la somme ; mais afin qu'il ne soupçonne aucune « supercherie dans cette affaire, dites-lui encore que la « demande de ces vingt mille francs est adressée au nom de « sa fille bien-aimée, morte en 1866, à Rome. Et c'est « moi-même qui suis sa fille. »

Ce nouvel ordre fut exécuté ponctuellement comme le premier.

Stupéfait de ces singulières affirmations, M. de N... se décida à partir pour le Béarn, car il avait hâte de causer avec l'angélique sœur favorisée de l'apparition...

Durant la conversation, il lui demanda s'il lui serait facile de reconnaître le portrait de sa fille, parmi une vingtaine de photographies de jeunes personnes, et soudain il les lui mit toutes sous les yeux. Sans tergiverser, la religieuse désigna de suite le portrait de Mademoiselle de N...

Ainsi le noble visiteur fut convaincu de l'authenticité surnaturelle et divine de la réclamation d'outre-tombe dont il était l'objet, et il remit volontiers les indispensables vingt mille francs entre les mains de la Révérende Mère Supérieure du Carmel.

En reconnaissance de cette générosité, l'extatique révéla à M. de N... quatre choses importantes relatives aux événements futurs, à savoir : 1° au mois de juillet les prussiens envahiront de nouveau la France, puis l'Italie ; 2° l'Angleterre, la Russie, et les États-Unis d'Amérique s'allieront à la France contre l'Allemagne ; 3° l'armée prussienne ou allemande sera tellement battue et décimée en Italie que l'on pourra dire qu'elle est anéantie ; 4° enfin, dans le mois de septembre la France possédera un Roi (1).

______

(1) Ce sera Henri V. — Le 17 décembre 1872, un noble et très-honorable magistrat de B.., nous adressait les lignes suivantes : « J'apprends une nouvelle qui est de « nature à vous intéresser. Elle est communiquée, de- « puis quelques jours, par l'un des correspondants de

Sans garantir absolument l'entière exactitude des paroles
de ce texte, qui est exact cependant quant au sens, nous

« *l'Union* à sa famille. Louis XVII ne serait pas mort au
« Temple. Il est enseveli en Hollande, où il a laissé un
« fils connu à la Cour de Hollande sous le nom de Mon-
« sieur de Bourbon. Des membres de la Droite *viennent*
« *d'aller sur les lieux* s'assurer de la vérité de ces faits.
« Toutes justifications leur ont été présentées. »

Voici notre réponse. Nous savons que Louis XVII a
été sauvé de la prison du Temple : nous avons de ce fait
une masse de preuves des plus authentiques et annihilant
toutes les prétendues autres preuves contraires. Mais,
si Louis XVII a laissé un héritier légitime actuellement
vivant, nous ne comprenons point pourquoi celui-ci ne
revendique pas hautement ses droits à la couronne de
ses ancêtres. S'il n'a pas le courage de s'affirmer comme
étant le seul roi légitime de France, il ne peut être
digne de monter sur le trône. Aurait-il cédé ses droits à
Henri V ? Il faudrait le supposer. Autrement Mgr le
comte de Chambord, qui ne peut ignorer cette existence,
— si existence il y a, — serait un homme déloyal. Or,
nous repoussons avec énergie une telle qualification,
car le caractère d'Henri V est d'une beauté-type incomparable : il est excellemment droit, franc, noble, cheva-
leresque, royal. Henri V ne peut mériter une épithète
honteuse. Henri V est la loyauté incarnée.

Post-scriptum. — Ces lignes étaient écrites depuis
cinq jours, et nous allions remettre notre manuscrit à
l'imprimeur, lorsque, le 24 janvier nous arrivait de Fri-
bourg (Suisse), grâce à la sympathique bienveillance de
M. Adolphe Blanchet auquel nous exprimons ici toute
notre gratitude, une brochure in-16 de 64 pages, éditée
à Haarlem (Pays-Bas) et intitulée *Louis XVII, sa vie et
sa mort*, par Maxime Durant, 1873, Paris, chez Sagnier,
7, carrefour de l'Odéon. Prix : 60 centimes.

L'existence de cette brochure nous était entièrement
inconnue. Celle-ci semble nous être arrivée providen-

remarquerons qu'en les conférant avec nos autres prophé-

tiellement pour mieux nous renseigner. Grand fut notre étonnement! Elle renferme l'acte de décès de l'infortuné fils de Louis XVI, décès arrivé à Delft, en Hollande, le 10 août 1845, dit l'auteur de la brochure. Nous y lisons, en outre, que le duc de Normandie épousa, le 13 octobre 1818, Mademoiselle Jeanne Einert, issue d'une famille de la petite bourgeoisie de Spandau, en Prusse. « Le mariage fut célébré d'après le rit protestant; » ainsi « le marié ne fut point obligé de fournir son acte de naissance. »

De cette union naquirent plusieurs enfants dont deux garçons. Le premier, Adelberth de Bourbon, est né le 26 avril 1840, en Angleterre; et l'autre, qui reçut les noms de Ange-Emmanuel, vint au monde le 14 mars 1843. M. Adelberth de Bourbon, naturalisé Hollandais, est actuellement officier au régiment des Grenadiers et chasseurs du roi de Hollande. Quant à M. Ange-Emmanuel, il est dans la marine royale des Pays-Bas.

En terminant sa curieuse notice, M. Maxime Durant s'écrie: « ...Dans quelques jours ils (les enfants de Louis « XVII) reviendront demander la constatation de leur « état-civil et donner aux prétendants un grand exemple: « celui des petits-fils de Louis XVI remettant, aux mains « de la Nation française, l'héritage de la légitimité, et la « déliant, par cette remise, de toutes ces prétendues « obligations, à l'aide desquelles on voudrait aujourd'hui « l'enchaîner et l'asservir! »

Salut au droit!.... si droit il y a; car les fils susdits, nés d'une mère protestante — et prussienne par-dessus le marché! — et d'un père catholique plus ou moins apostat, puisque son mariage a été béni de la bénédiction du diable, à l'église luthérienne, peuvent-ils être des héritiers légitimes au trône de France? — Non. On dira: ce sont des bâtards! Il n'en faut pas faire plus de cas que d'une branche morte et pourrie, d'autant plus qu'ils sont restés

-ties, elles semblent devoir se réaliser tant en 1873 qu'en 1874.

Cette nouvelle invasion des Prussiens en France est spé-cialement prédite par le saint Curé d'Ars (1), et ci-dessus par l'extatique d'Oria. De plus, nous savons que la sœur Rosa-Colomba Asdenti de Taggia (2), le prophète de Pré-mol, la prophétie dite de saint Vincent et la Vision aérienne de Wurtemberg (3) annoncent que les allemands prussifiés porteront la guerre en Italie et subiront une dé-faite complète, qui sera suivie de l'effondrement de l'em-pire d'Allemagne: ce que confirme la pièce suivante.

4° *Les apparitions de Neubois.* — Le 16 juillet 1872, la sœur Madeleine, directrice de la classe des jeunes filles du village de Neubois, en Alsace, était en promenade avec ses jeunes élèves sur la montagne nommée en allemand Frankenburg (château des Franks), quand tout à coup la sainte Vierge leur apparut tenant une croix d'une main et

---

insensibles aux malheurs de la France. Comment! depuis 1870, ils sont demeurés muets!! Arrière les indignes!

Nous n'avons pas à féliciter la plume de M. Durant, ni celle de M. le comte Gruau de la Barre, d'oser plaider une cause honteuse, une cause déshonorante pour la France! Tout en attendant que le grand jour se fasse sur cette question, nous ne cesserons jamais de crier de toute notre âme: Vive Henri V! Vive le roi légitime! Vive le grand Henri, le héros de l'avenir!

(1) Voir *la Grande Crise et le Grand Triomphe*, p. 13-14.

(2) Voir le supplément à *l'Avenir dévoilé*, p. 69.

(3) Voir les *Derniers Avis prophétiques*, p. 166, 190 à 193, et 199 à 201.

de l'autre une épée avec laquelle elle taillait en pièces une armée prussienne.

Les jours suivants de nouvelles apparitions se firent voir, non-seulement à des jeunes enfants, mais à des femmes et à des hommes, ce qui produisit un tel émoi dans le pays qu'on se rendait en grand nombre sur la montagne et que chaque jour il se trouvait quelques personnes favorisées de la vue de la sainte Vierge.

Le 6 août, fête de la Transfiguration de Notre-Seigneur, deux cents personnes étaient réunies et priaient sur la montagne, alors la Sainte Vierge accompagnée de deux Saints descendit du ciel dans une grande majesté et la foule s'écria : « Voici la sainte Vierge. » Elle était toute brillante de lumière et de gloire, ainsi que les deux autres personnages.

Le 28 septembre, un jeune garçon plein d'innocence et de simplicité, racontait à M. le Curé de Neubois ce qu'il venait de voir. Il disait : « Ah ! M. le Curé que c'était beau !
« Il y avait la sainte Vierge ; à son côté était une grande
« croix blanche (1) ; la sainte Vierge écrivait avec une
« belle plume rouge (2) sur une très-grande feuille de

---

(1) Pour rappeler que c'est par la croix de Jésus-Christ que le monde a été sauvé, et que c'est par sa puissance encore que la société actuelle sortira de l'abîme. Avis à la libre-pensée et à tous nos politiques et gouvernants à courte vue. — Dans les temps passés, les apparitions miraculeuses de la croix ont toujours précédé de grands événements ou des crises sociales.

(2) Cette plume est rouge, parce qu'elle est comme empourprée du sang de ceux qui mourront martyrs pour la défense de la foi catholique et de nos deux patries : Rome et la France.

« papier qu'elle tenait sur la paume de sa main (1).

« Un peu au-dessous de la Sainte Vierge il y avait un
« militaire qui battait du tambour. » (L'enfant décrit le
costume de ce militaire, et on reconnaît un zouave) (2).

« D'un côté du militaire, il y avait un Monsieur en man-
« teau blanc (3), de l'autre côté, un Monsieur en manteau
« vert (4).

« Puis il y avait encore deux personnes habillées de noir
« (5) : un Monsieur avec une couronne sur la tête (6),
« comme saint Antoine ; » (l'enfant désigne par là un ta-

------

(1) C'est un emblème du livre de Vie, sur lequel la
Sainte Vierge inscrit le nom des martyrs qui auront droit
aux éternelles récompenses dans la patrie céleste. La
feuille de papier est grande pour indiquer le grand nombre des victimes agréables à Dieu et nécessaires pour
expier les iniquités du monde.

(2) La place qu'occupe le zouave révèle que la Sainte
Vierge prendra l'armée française sous sa protection et
lui facilitera la victoire sur les armées allemandes. Le
soldat qui bat du tambour figure le rappel des soldats
français en Lorraine et en Alsace, et partant le consolant
retour de ces provinces héroïques à la mère-patrie.

(3) Il représente Henri V, le grand monarque.

(4) Il désigne le Pape, successeur de Pie IX, prophétisé par saint Malachie, sous la devise *Lumen in cœlo*, la
lumière dans le ciel ; de concert avec Henri V il fera
triompher la réformation du monde. C'est là l'espérance
que traduit la couleur verte et par conséquent le triomphe de l'Église.

(5) Pour marquer qu'elles sont plongées dans le deuil
et abreuvées de tribulations.

(6) Il est l'image de Pie IX, portant la couronne de
la sainteté et du martyre, qui lui ouvrira le ciel.

bleau en pied représentant saint Antoine, qui se trouve dans l'église de Neubois); « et une Dame ressemblant à « une religieuse : elle avait un voile sur la tête (1).

« Au-dessus des sapins, il y avait une grille rouge (2). »

Toutes les dépositions des témoins de ces apparitions sont transmises dans des rapports à l'autorité diocésaine.

D'autres apparitions aussi très-authentiques ont été vues depuis 1871, en Allemagne et en Alsace, par des centaines de personnes très-dignes de foi. Les unes sont gravées sur les vitres des fenêtres et représentent des croix, des têtes de morts, des ossements, des squelettes, des sabres, des batailles, etc.; les autres se sont dessinées admirablement dans les airs et formaient des armées innombrables de fantassins, de cavaliers, de canonniers avec leurs chevaux, leurs canons et leurs bagages, en un mot tout ce qui constitue la marche des armées en campagnes. De plus, un solitaire a vu l'engagement de ces armées sur le sol, il en a suivi du regard les péripéties et le dénoûment, qui a pour résultat, après trois grandes batailles dont il indique le sanglant théâtre, la défaite définitive des prussiens et leur retour à leurs anciennes possessions.

Voilà les affirmations d'un évêque Alsacien et d'un autre personnage très-sérieux qui les a consignées dans l'*Écho de Rome* des 14 et 21 décembre 1872.

Le ciel nous invite donc à la confiance, mais en même temps il révèle son courroux et s'apprête à frapper le grand

---

(1) Cette dame voilée symbolise l'Église en prières et dans la douleur et l'humiliation.

(2) C'est une représentation de la porte de l'enfer où les âmes des méchants seront précipitées lors de la grande crise de 1873.

coup contre ses ennemis, ceux de l'Église et ceux de la vraie France.

Actuellement, il faut se rappeler que la Providence, toujours paternelle, ne frappe les peuples coupables qu'après les avoir solennellement avertis; c'est un fait vérifié par l'expérieuce des siècles. Depuis un an, Dieu semble mettre dans l'exécution de ses arrêts une miséricordieuse lenteur, afin de montrer à ses créatures combien il est pénible à son cœur de lancer sur elles les foudres de sa vengeance.

Puissent tous ces nouveaux avertissements prophétiques servir de flambeau devant les yeux du corps social et politique, qui, à cette heure, marche plus que jamais à tâtons dans le vestibule du gouffre ténébreux creusé par les doctrines modernes !

X

Nous n'omettrons pas d'ajouter un dernier mot de M. le Curé de Malétable. Il clôt sa lettre du 16 décembre 1872.

« J'ai reçu, nous dit-il, vos brochures avec plaisir. Veuillez agréer mes remercîments. Vous êtes désireux de lire mon ouvrage sur le troisième précepte : il n'est pas encore entièrement imprimé.

« Permettez-moi de vous donner un conseil. Ne vous contentez pas d'annoncer les malheurs qui menacent la société coupable ; travaillez surtout à combattre les crimes qui en sont la cause. Ne perdons point le temps à flatter la curiosité : sauvons les âmes, sauvons notre patrie en ramenant le peuple à l'observance des préceptes divins. »

Nos désirs sont parfaitement d'accord avec ce conseil : nos lecteurs le savent. Car notre but principal est de travailler, selon nos faibles forces, à ramener dans les esprits la foi au monde surnaturel ; faire revivre les vrais principes religieux et politiques ; avertir les âmes aveugles pour les sauver du péril ; consoler les âmes chrétiennes, encourager leur ferveur ; exciter les cœurs dévoués à Dieu à réparer, à expier les crimes qui inondent la terre et provoquent de justes et rigoureux châtiments ; presser les âmes d'élite à s'interposer devant le bras de Dieu et à implorer les secours du ciel sur l'Église, sur la France, sur la société tout entière. Nous voulons donc la conversion des hommes, c'est-à-dire leur bonheur par le triomphe de la vérité, du droit et de la justice, en morale en religion et en politique.

Notre but secondaire, il est vrai, est de piquer la curiosité du public, car c'est le moyen le plus innocent, de nos jours, pour faire lire un livre. C'est un piége providentiel qu'il ne faut donc pas dédaigner. A notre siècle blasé, il faut les excitants du merveilleux. Dieu le sait mieux que nous, car à quelle époque vit-on jamais plus de miracles et de prodiges que maintenant ?

Si les hommes croyaient aux prophéties dans la mesure qu'il faut y croire, ils croiraient tous en Dieu et dans sa Providence, qui préside à tout ; ils respecteraient l'Église et le Pape ainsi que toute autorité légitime ; ils s'attacheraient inébranlablement au principe sacré sur lequel se fondent la stabilité des trônes et le repos des nations ; ils pratiqueraient les devoirs qui imposent la religion, l'État, la famille et la société. La plupart de ceux qui sont ennemis des prophéties, ou seulement qui y sont indifférents, sont ennemis de leur pays et de l'Église, ou au moins indifférents au sort de l'un et de l'autre. Ils ne pensent qu'à eux personnellement : l'égoïsme les ronge. Les Français de cette catégorie n'ont ni fibre patriotique, ni fibre chrétienne. Si l'on parcourt le monde, on reste douloureusement affecté de rencontrer tant d'hommes de cette trempe : ils ne sont pas dignes de porter le nom de Français. Bien au contraire, les vrais patriotes, les vrais catholiques élèvent leur esprit, leur cœur et leurs œuvres dans les nobles sphères de la vie, au-dessus des étroitesses et des vanités du moi humain ; ils prêtent attentivement l'oreille aux avertissements célestes; ils se plaisent à consulter, à lire les livres prophétiques, et même à les étudier. C'est là la conséquence logique de leur grand amour pour la patrie, de leur grand amour pour leur Mère la sainte Église romaine et son Chef infaillible, Vicaire de Jésus-Christ ; car il leur tarde de s'assurer de la durée des épreuves et de l'arrivée des bonheurs voilés dans les arcanes de l'avenir ; il leur tarde de découvrir l'heure du triomphe des vrais principes découlant des préceptes et des enseignements divins.

La situation présente du monde religieux, civil et politique assombrit tellement l'avenir que la plus haute Majesté de la terre, l'illustre et royal captif du Vatican, transmet continuellement aux peuples, de concert avec les prophètes, de paternels et solennels avertissements. Tous les vénérables évêques de la catholicité parlent dans le même sens aux fidèles confiés à leurs soins. Plus spécialement, nous voyons l'épiscopat français justement alarmé par les ravages des principes anti-chrétiens et révolutionnaires. Naguère encore il élevait la voix par des

Lettres pastorales pour prémunir les âmes contre les calamités nouvelles qui menacent la France, si elle ne rompt pas avec l'impiété. C'est donc pour nous autant un devoir qu'un honneur de recueillir des paroles qui résument l'enseignement des derniers Mandements. Les voici, d'après la *Semaine de Rouen*.

« La première cause de tous nos malheurs est l'irréligion. Dieu a été délaissé ; les pratiques de son culte ont été négligées, souvent même entièrement rejetées ; et l'homme enivré par son orgueil, a cru pouvoir se passer de l'intervention providentielle dans les choses humaines. On a cru pouvoir vaincre sans Dieu, s'enrichir sans Dieu, assurer la paix et la prospérité publiques sans Dieu. C'est le dernier mot de notre situation. Comment donc sortir de l'abîme, sinon en nous retournant vers Dieu, et en le suppliant de nous rendre la lumière et la force que nous avons perdues ? Ainsi, voilà notre devoir pressant, impérieux : revenir à Dieu, à sa lumière, à son culte, à la pratique de ses commandements, et recourir à la prière. » N'oublions pas que « la paix ne sera donnée au monde que lorsque les hommes se seront convertis ; » ce sont là les paroles expresses que la Sainte Vierge a proférées, par deux fois, dans son Secret à Maximin de la Salette.

XI

En détachant quelques fragments de lettres dictées par la sympathie et la bienveillance de trois ecclésiastiques à nous inconnus, des diocèses de Grenoble, du Mans et de Tours, — lettres prises à peu près au hasard dans une masse d'autres semblables, — nous espérons au moins faire ressortir que, si ces honorables confrères de M. le Curé de Malétable ont pu être séduits par la curiosité, ils n'en sont pas mécontents pour eux, ni pour les âmes qu'ils s'efforcent de sauver, ni pour leur prochain en général.

1° A la date du 3 janvier 1873, M. l'abbé M..., vénérable septuagénaire (1), nous disait : «... En recher- « chant et publiant les diverses prophéties qui regardent « les malheureux temps où nous sommes, vous avez fait « une bonne œuvre : elle n'aura pas été sans fruit pour « un grand nombre de vos lecteurs qui verront, par la — « réalisation des prédictions, que Dieu *existe encore*, et « que sa Providence surveille les actions des hommes. »

2° Le 25 avril précédent, M. l'abbé M... nous avait déjà écrit entre autres choses, ceci : « ... J'ai lu avec at- « tention l'ouvrage que vous avez publié ayant pour titre : « *L'Avenir dévoilé jusqu'à l'Antechrist.* J'approuve entiè- « rement l'esprit dans lequel cet ouvrage a été écrit, etc... « J'ai lu aussi attentivement les *Voix prophétiques* de « M. l'abbé Curicque. Le plan de votre ouvrage me semble « bien préférable au sien en ce sens que, dans le choix des « révélations, vous n'avez publié que celles ayant trait « à l'avenir ; tandis que M. Curicque nous donne une quan- « tité de révélations dont on ne peut tirer aucun enseigne-

---

(1) Ce digne prêtre prépare en ce moment une étude sur la prophétie Carthusienne dite de Prémol. Elle paraîtra incessamment. D'avance, nous lui souhaitons cordialement la bienvenue. Dans notre *Phare prophétique*, nous réimprimons *in extenso* le texte-type de cette fameuse prophétie, avec de nouvelles et nombreuses interprétations. Elle se trouve dans la Ire partie, au livre I, chapitre III, § 4e.

« ment positif pour l'avenir général du monde. Il ne faut
« pas oublier que les malheurs de la France ont vivement
« excité le curiosité à lire les prophéties concernant l'ave-
« nir. Il n'y a que celles-là que recherche le lecteur et non
« celles qui n'ont trait qu'à des faits particuliers ou
« passés..... »

3° M. B., vicaire de S..., nous pénétrait de confusion
quand, dans sa lettre du 21 septembre 1870, nos yeux
rencontrèrent les lignes suivantes : « ...J'ai trop peu d'au-
« torité et de compétence pour me permettre de vous féli-
« citer d'avoir eu l'idée de mettre au jour un livre tel que
« *l'Avenir dévoilé*. Je puis cependant vous dire, Monsieur,
« que la lecture de votre ouvrage a été une des meilleures
« lectures spirituelles que j'aie faites de ma vie. Oui, je
« me suis senti disposé à embrasser plus étroitement en-
« core la perfection, résolu à me dévouer plus entièrement
« encore au bon Dieu, à lui sacrifier plus généreusement
« encore et ma vie et mon être tout entier. Et en voyant sur-
« tout comme sa toute-puissance se rit de notre faiblesse
« et de notre malice, j'ai été mieux que jamais convaincu
« de notre néant et du besoin que nous avons de son
« secours..... »

« 4° D'autres paroles de chaleureuse sympathie nous
arrivaient de M. le Curé de la M....., le 23 septembre
1870. Osons les citer pour la défense de la cause que nous
servons : « ...Vous me permettrez, après avoir lu atten-
« tivement votre livre *L'Avenir dévoilé*, de prendre la
« plume pour vous adresser mes bien sincères félicitations.
« Cet ouvrage, jusqu'à présent, faisait défaut à bien des per-
« sonnes pieuses ; tous le désiraient depuis longtemps, pas
« un n'osait l'entreprendre.

« Il y a un problème que je me suis posé bien souvent,
« Monsieur : comment, en présence de si grandes défail-
« lances dans la foi, en face d'une guerre aussi acharnée
« entre le bien et le mal, guerre funeste où le mal semble
« si souvent triompher, comment relever ces courages
« tombés, ces âmes défaillantes qui ne voient plus Dieu
« sur la terre ? Comment montrer à tant d'aveugles la Pro-
« vidence dirigeant pour sa gloire et pour notre bien tous
« les événements de ce monde ? Comment arrêter, par la
« perspective des châtiments prédits, la trop grande au-
« dace des impies, des sacriléges spoliateurs de l'Église
« et de tous les ennemis de la France chrétienne ?

« Honneur à vous, Monsieur, d'avoir donné à tous les
« catholiques une si belle solution à ce problème difficile.
« C'est un service signalé que vous rendez à l'Église entière.

« Je regrette cependant un peu que ce livre soit venu
« si tôt. Je m'explique. Aujourd'hui, il me semble que, pour
« vos interprétations et applications, vous auriez une voie
« plus large ouverte devant vous, et une vue plus claire
« sur tous les événements des temps actuels. Il faut, en
« effet, que le char soit entré dans la carrière pour voir la
« direction qu'il prendra ; et, avouons-le aussi, il faut, mal-
« gré le génie, le talent et le travail, il faut pour bien in-
« terpréter une prophétie que l'esprit de l'homme ait d'a-
« vance quelques faits l'inclinant vers des événements en-
« core enveloppés de ténèbres.

« C'est un simple regret que j'exprime, Monsieur, il vous
« paraîtra puéril, car déjà, je n'en doute pas, vous nous

« préparez une seconde édition où les lacunes que je signale
« auront disparu (1)..... »

XII

Ces témoignages révèlent des âmes fortes et virilement
trempées. Ce sont de telles âmes qui sauveront le monde
des griffes de Satan et de ses suppôts. Hélas ! à notre
époque le nombre en est trop restreint. C'est pourquoi la
miséricorde de Dieu tarde tant à nous secourir, à nous pardonner.

Aujourd'hui, plus que jamais, les caractères s'affaissent
par les excès de la civilisation déchristianisée. Les masses
sont avancées dans le progrès du mal. La foi robuste
s'éteint, et, par contre-coup, s'éteignent l'énergie morale et
l'élévation de la pensée. Le monde s'animalise. On ne voit
plus partout, même parmi les gens que l'on appelle hon-
nêtes, que des caractères efféminés, amollis, plongés dans

---

(1) Diverses circonstances, indépendantes de notre volonté, ne nous ont pas permis de songer immédiatement
à cette nouvelle édition. C'est seulement depuis le mois
d'octobre 1872 que nous avons pu nous déterminer, à en
commencer le manuscrit. Nous n'y avons encore travaillé
que durant deux mois. Il y a 300 pages de minutées, mais
il nous en reste probablement encore autant à faire. Le
plan du livre est plus étendu que celui de la première édition, puisque nous avons choisi pour titre celui-ci : *Le
Phare prophétique ou l'Avenir dévoilé jusqu'à la fin du
monde, d'après toutes les prophéties authentiques.* Malgré
l'arduité du travail, nous espérons que l'ouvrage sera livré
à l'impression vers le mois de mai. — Trop tard ! vont
s'écrier plusieurs, et nous peut-être le premier. — A la
volonté du Maître !...

le terre-à-terre de la vie, c'est-à-dire des gens faibles, qui, selon la remarque judicieuse de Chamfort, sont les troupes légères de l'armée des méchants.

Cependant, beaucoup de ces personnes ne ressemblent pas aux incrédules qui ont rejeté toute espèce de révélation, et qui se moquent lourdement des choses de l'ordre surnaturel et divin. Non, elles croient aux oracles du Seigneur; mais l'aliment prophétique, trop fort pour leur chétif tempéramment moral, produit souvent chez elles l'effet d'un mets de difficile digestion, ou même d'un poison violent: elles s'en trouvent fâcheusement incommodées.

Un sentiment de compassion à l'égard de ces âmes faibles, nous invite donc, en terminant cet opuscule, à déclarer que, le mieux pour elles, c'est de s'abstenir de lire les prophéties menaçantes et d'y prêter leur attention, tant qu'elles n'auront pas maîtrisé et réglé leur imagination affectée d'une impressionnabilité exagérée. Afin d'obtenir cet heureux résultat, elles doivent marcher généreusement dans la voie de la piété progressive, car c'est là la source féconde où l'âme se trempe solidement et acquiert le précieux, l'inestimable don de force et les vertus dont Notre - Seigneur est le divin prototype et dispensateur. Voilà notre conseil.

L'une de nos excellentes amies rémoises, riche de qualités, mais manquant de cette force d'âme qui enfante spontanément la vertu, est bien un peu de notre avis. Nous ne voulons pas priver nos lecteurs de l'entendre raisonner et partant de verser la consolation dans quelques âmes peut-être. Cela nous est facile, car ces jours derniers, en nous offrant d'une façon très-aimable ses vœux de bonne année, elle rassemblait toute la somme possible de courage, puisée en elle et probablement aussi dans son entourage bien-aimé, pour nous adresser cette suppliante sommation anti-prophétique :

« ...Vous savez — et je tiens à vous le répéter — que
« nous sommes convenus ensemble de ne point deviser
« sur les prophéties, parce que cela nous impressionne
« tous d'une manière fâcheuse, et moi particulièrement.
« C'est de la faiblesse d'imagination, de cerveau, tout ce
« que vous voudrez, mais je n'y peux rien. C'est la faute
« de mon estomac spirituel et non celle de ma volonté. Je
« trouve en moi assez de courage et d'énergie lorsque je
« traverse les épreuves, mais je ne puis supporter la pers-
« pective de celles-ci ; mon imagination les grossit à l'a-
« vance, et l'appréhension, chez moi, me fait plus souffrir
« que les maux eux-mêmes.

« Je vous ai dit que je m'étais félicitée, depuis la dernière
« guerre, de n'avoir rien su à l'avance. Tout le monde ne
« sent pas les choses de la même manière (1). Du reste
« je ne suis pas la seule de cette trempe : je rencontre
« souvent des personnes ainsi bâties.

---

(1) En effet, saint Pierre le prouve dans les paroles que nous avons choisies pour épigraphe de cet opuscule, ainsi que saint Grégoire le Grand, quand il dit : « Les malheurs qui surviennent causent moins de trouble à proportion qu'ils ont été connus d'avance, et les coups frappent moins rudement quand on les a prévus ; ainsi sommes-nous préparés à trouver plus tolérables les maux du monde, étant munis contre eux du bouclier de la prescience. » (*Homil.* xxv, *in Evang.*)

« Je ne sais déjà que trop de choses prophétiques ! et
« je n'aime pas à en entendre parler !!! Aussi j'en appelle à
« votre charité chrétienne pour me ménager : ainsi donc,
« n'en parlons plus !!!... D'ailleurs nous avons vos livres
« pour les consulter quand le cœur nous le dit....

« Prions ardemment et conservons l'espoir que le
« Dieu miséricordieux se laissera fléchir, et que la sainte
« Vierge nous protégera... L'espérance est là seule fiche
« de consolation que Dieu nous laisse en ce moment. Cram-
« ponnons-nous à elle !... »

A ce pieux optimisme, que nous ne troublerons pas, —
si ce n'est peut-être par l'hommage du présent opuscule, — nous n'ajouterons que le mot tant aimé de
l'Église :

AMEN !

22 janvier 1873.

DÉCLARATION DE L'AUTEUR.

Selon les sages prescriptions du pape Urbain VIII, nous
déclarons que les prophéties et faits merveilleux rapportés dans cet opuscule n'ont qu'une valeur purement humaine et privée. Nous déclarons aussi ne vouloir
rien publier de contraire à l'esprit de la sainte Église, et
nous protestons de notre entière et filiale soumission au jugement de son autorité divine et infaillible.

A. M. D. G.

APPENDICE.

—

I. — Observation essentielle.

Pendant l'impression de cette brochure, nous avons vu que l'édifiant auteur de la 5ᵉ édition des *Voix prophétiques*, mentionne au t. II, p. 464, qu'une lettre à lui adressée de Blois, en date du 8 septembre 1872, contient le passage suivant :

« Un prêtre de mes amis et qui n'est nullement enthousiaste, a été voir M. le Curé de Malétable, il y a environ six semaines, et il a entendu ces paroles sortir de sa bouche : « Les grands troubles commenceront à la fin « de 1872, et ils finiront à l'automne de 1873. La fin de « 1873 sera paisible, l'année 1874 également, et à la fin « de 1875 il y aura la guerre au nord de la Bretagne. »

Voilà l'œuvre d'un reporter.... pas enthousiaste, soit ! mais.... lourdement infidèle....

Heureusement que, sans s'en douter, le digne Curé de Malétable a stigmatisé par anticipation, comme on l'a vu plus haut, ces malencontreuses lignes s'étalant, dans un paragraphe spécial, avec un trop grand luxe d'erreur.

Pas de chance, l'ami Blésois !

II. — Complément inédit de la prophétie du Curé d'Ars.

Le frère Gaven, qui a recueilli la prophétie du Curé d'Ars, faisait naguère une communication complémentaire à un religieux de son institut. Elle fut adressée, le 10 mars

1872, par M. Lab.., à un supérieur de Séminaire, qui vient de nous la mettre en main. La voici :

« Les ennemis reviendront. Paris sera de nouveau assiégé et les vivres seront très-cher. En prévision de cette cherté, on fera partir les jeunes gens ; mais il en restera plus que la première fois. Les jeunes gens n'auront rien à souffrir.

« Au moment où on y pensera le moins, il arrivera des événements si extraordinaires qu'on se croira à la fin du monde. Il se fera entre les partis politiques un si grand massacres d'hommes, qu'on ne pourra comprendre ensuite comment on a pu agir ainsi.

« Les méchants voudront persécuter le clergé, mais on les en empêchera ; seulement, en quelques endroits, des prêtres seront persécutés. Quelques anciens L.... seront inquiétés ; mais la Compagnie ne le sera pas. Paris sera changé (*par suite d'immenses ruines*).

« Après ces événements, il viendra un homme, (*un roi*) auquel on pense le moins, et qui fera beaucoup de bien. La religion refleurira. »

Dans une communication précédente, le frère Gaven disait à M. de M...: « L'ennemi ne s'en ira pas tout à fait. Il reviendra et il emportera tous les meubles, (*les armes*). Paris sera changé. Il y aura beaucoup de morts : des vieillards, des femmes et des enfants. Ce sera une image du jugement dernier... Après cela, quelqu'un demandera à rentrer, s'humiliera beaucoup et fera un grand bien dans les âmes. »

Le bon frère s'ennuyait d'entendre des choses qu'il ne comprenait pas. Le saint Curé s'en aperçut et lui dit : « Ce que je vous dis vous ennuie. Vous ne comprendrez ces choses que quand vous le verrez. Vous les raconterez, mais on ne vous croira pas d'abord, et on se moquera de vous. Il vaut mieux ne pas les dire à présent, parce qu'il viendrait des géns plus savants que moi, pour me tourmenter : on me croirait meilleur que je ne suis. Au reste vous oublierez ces choses et vous ne vous en souviendrez que quand je serai changé » *(mort)*. « On vient de m'apprendre que c'est pour cette année (1859). Quand ces choses arriveront vous serez bien aise de les connaître d'avance. »

III. — Prophétie inédite de Darney.

Au dernier instant de l'exécution typographique de cet opuscule, nous avons reçu des documents restés inédits. Ils sont tirés des prophéties d'une voyante de Lorraine, Mlle Joséphine Lamarine, née le 23 novembre 1787, à Darney (Vosges), et morte en odeur de sainteté, vers le mois d'avril 1850.

Les secrets de Dieu furent largement manifestés à cette pieuse fille, soit par des visions, soit par l'intermédiaire d'une voix céleste, qui répondait même à diverses demandes que Joséphine lui adressait avec une sainte liberté.

Un vénérable chanoine de Saint-Dié accorde une grande confiance à cette prophétie, et M. le Curé de Darney affirme qu'elle est très-authentique. Nous en extrayons des passages concernant l'avenir, et auxquels nous voulons faire subir l'épreuve recommandée par saint Paul. Nous ne les acceptons donc que sous bénéfice d'inventaire et pour leur donner une date incontestable d'authenticité. Cependant leur prochaine réalisation, pour la plupart, nous paraît en grande partie très-probable. Au reste, la voyante de Darney ayant prédit beaucoup d'événements qui se sont accomplis, notamment ceux de 1830, 1848 et de 1870, nous ne pouvons que nous empresser de divulguer une pièce pleine d'opportunité, car elle se rattache surtout à la grande crise et au grand triomphe de la France et de l'Église. Voici les plus importants passages, que nous divisons par des numéros :

1. Joséphine a vu cinq démons. Celui du milieu était assis comme sur un trône ; il avait une chaîne au cou dont il semblait enchaîner quelqu'un qu'elle ne voyait pas. Il tenait un trident à la main. La voyante pensait que cette chaîne symbolisait les fers qui retiennent la France captive de satan.

2. Elle a vu une guerre acharnée pendant un mois de juillet ; on se battait jusque dans les maisons. Elle entendait les coups de fusil. On disait, tous les maux sont donc arrivés ! L'heure des ténèbres est arrivée.... L'enfer est ouvert...

3. La mort va tout réduire en poudre. Vous mourrez, superbes guerriers ! Entendez-vous la foudre ? Il n'y a plus de dimanches ni fêtes !... Ils n'ont rien à faire : ils travaillent le dimanche !...

4. Mon Dieu ! sauvez-nous !... nous sommes perdus ! Les méchants ont gagné !... Nos prêtres s'en vont et les vierges sont chassées, mais pour peu de temps... C'est fini, les méchants l'emportent... Du sang ! du sang ! la République rouge !

5. Mon Dieu ! mon Dieu ! ayez pitié de nous ! Le bras puissant du Tout-Puissant va créer une ère nouvelle.... Il fallait que les méchants l'emportassent !... Une heure d'angoisses capable de réveiller les plus endurcis !...

6. On a crié : Oh ! oh ! ils ont remporté la victoire ! ils triomphent ; mais cela ne durera pas longtemps... Combien de mensonges on dira !... La religion renaîtra de ses cendres *mortes* ; elle se montrera dans toute sa sublimité pour quelque temps ; le commerce sera prospère...

7. Paris vient de se voir à deux doigts de sa perte... Vive le feu !... Le faubourg Saint-Antoine est tué!... détruit ! Allons les égorger !... Attentat général... Nous voici donc ! Combien d'hommes périront en France !... Pauvre Paris, te voilà donc détruit ! Voici la famine.... et sans prêtres ! Tout le monde pleure dans Paris...

8. Joséphine a vu en esprit une mère dans la plus grande douleur ; elle parlait à sa fille qui s'éloignait ; elle lui disait d'un ton déchirant : ma fille, ma chère fille, reviens près de moi... mes lèvres sont ensanglantées. » Joséphine croyait que c'était l'Église qui s'adressait à la France.

9. Le 27 mars, dit la voyante, sera un jour remarquable. Elle annonce quelque chose de terrible pour la semaine sainte (1) ; un miracle capable de faire revenir les plus endurcis.

10. On a crié trois fois : « Henri V, venez! » Voici le sauveur... La France va refleurir dans tout son éclat. La voix céleste disait : « Voici Henri, notre Henri... Sonnons

______

(1) De quelle année ? est-ce 1873 ?

les cloches!.. Voici la sainte Vierge ; elle est venue, elle l'avait bien promis.. Voici le prince du sang.. Vive Henri !

11. « L'Église triomphe... Le lion rugissant est déchiré (1),.. C'est Henri le plus grand roi de l'univers... O toi, Napoléon ! qui voudrais reconquérir la couronne, la Reine du ciel ne le veut pas (2).

12. « Venez, Henri! » La voyante vit un grand papier et entendit ces mots : « Proclamation de Henri V. » « Me voici, dit la voix au nom de celui-ci, je viens vous apporter la paix.... France ! France ! me voici, je viens en bon père ... »

13. « Henri V reviendra, et vous verrez des choses qui vous rendront bien heureux. Henri V règnera environ vingt-cinq ans. Le Saint-Père est mort en rentrant dans ses États (3).

14. « L'an 1900, les lumières seront éteintes. »

« — Quelles lumières, mon Dieu ? s'écria Joséphine.

« — Les lumières de l'Évangile..... Il n'y a plus qu'une

---

(1) C'est l'anéantissement de la Révolution par l'épée de Henri V.

(2) Ce passage peut s'appliquer encore à Napoléon IV : il s'agit de la dynastie Napoléonienne, que ses partisans tenteront de ressusciter.

(3) S'agit il de Pie IX ? Si cette prédiction concerne Sa Sainteté, et quelle soit authentique, on doit inférer que le Saint-Père prendra le chemin de l'exil, et qu'en *rentrant* dans ses États, il devra voir le commencement du triomphe de l'Église. Cependant il ne nous est pas facile d'admettre cette opinion, à cause de l'antipape « à tête ardente. »

génération.... L'an 1900, l'Antechrist est venu.—1931....
1931 (4). »

IV. — Avis important.

Des religieux Belges et Italiens, mal informés, osent
porter un jugement défavorable sur David Lazzeretti, le
voyant d'Arcidosso, dont nous avons publié les prophéties, tandis que d'autres autorités ayant autant de valeur et de sagesse qu'eux, et ayant en outre une connaissance complète des faits et gestes de ce personnage,
le jugent d'une manière tout opposée, exprimée dans
des termes les plus élogieux.

Si les hommes sont téméraires, l'Église ne l'est pas.
Or, à cette heure, il n'appartient à aucun, dans la
question susdite, de se poser en grand inquisi-
teur et de vouloir imposer au public une opinion
privée, comme si elle devait être, un jour, une sentence
du Saint-Office. Que les accusateurs trop audacieux aient
donc au moins la décence d'attendre le jugement de la
seule autorité infaillible !

Quant à nous, nous restons neutre : nous attendons
que l'Église parle. Cependant nous savons que les esprits
sérieux et impartiaux, tant en Italie qu'en France, portent avec empressement une intelligente attention sur les
Prophéties de David Lazzeretti. Ils en tireront sans
doute leur profit, avant que se manifestent les grandes
vengeances et les grands triomphes qu'elles annoncent
vraisemblablement de la part du Seigneur.

-----

(4) Est-ce la date de la fin du monde ? Sœur Bertine
l'annonce de 1900 à 1950. Voir les *Derniers Avis prophé-*
tiques, p. 272.

Nous avons déclaré, dans l'avant-propos de notre opuscule, que 1873-74 nous fixerait sur la valeur de ces prédictions. Aux sages d'imiter notre réserve, n'en déplaise à personne !

V. — Éclaircissement.

La brochure *Louis XVII,* par M. Maxime Durant, citée plus haut, p. 50, n'est qu'une imposture, un tissu de fables mensongères lancées audacieusement dans le but de salir la légitime et sainte cause de Henri V.

Pressé que nous étions de publier le *Flambeau*, nous n'avions pas d'abord pris le temps de recourir au livre de M. Suvigny sur les *Preuves de l'existence du Fils de Louis XVI*, mais ayant enfin examiné attentivement les pièces contenues dans cette œuvre véridique et impartiale, nous y voyons dûment constaté que le nommé Naündorff, c'est-à-dire le misérable aventurier chanté par M. Durant comme étant Louis XVII, n'était en réalité qu'un juif polonais, né en 1775 et mort à Delft, en Hollande, le 10 août 1845. Colporteur d'horlogerie, il vécut maritalement avec la veuve d'un soldat; il épousa ensuite la fille d'un certain Einers, fabricant de pipes à Havelberg. Naündorff prétendait être Louis XVII, mais il n'était qu'un faussaire, un incendiaire, un faux monnayeur, un chevalier d'industrie ; il s'est fait luthérien, sectaire, et il servait de mannequin à la police pour entraver la reconnaissance du duc de Normandie, le vrai Louis XVII, qui n'est décédé qu'après 1851.

Louis-Charles de France, fils de Louis XVI, était à Gaëte le 20 février 1849. Il était connu sous le nom de baron de Richemont. Il présenta ses hommages à Pie IX et baisa le pied de Sa Sainteté, qui savait recevoir et reçut en lui le fils du Roi-martyr, sa visite ayant été précédée d'une lettre écrite par lui, à Paris, le 24 novembre 1848, et remise au pape par le R. P. Fulgence, alors procureur général des Trappistes à Rome.

En 1850, ce vénérable abbé mitré fut envoyé en France par le Saint-Père avec mission de visiter les maisons de son Ordre et « le Fils de Louis XVI pour en rendre compte à Sa Sainteté. » Le R. P. Fulgence est mort abbé de la Trappe de Bellefontaine, vers le mois d'avril 1869. Nous l'avons connu. Il a publié à Cholet, en 1844, un in-8° sous ce titre : *Nouvelle explication de l'Apocalypse, ou Histoire générale de la guerre entre le bien et le mal,* par un abbé de la Trappe. — A l'époque de sa mort, des journalistes angevins eurent la plaisante idée de dire au public que le R. P. Fulgence était la personne de Louis XVII. Mais cette nouvelle fantaisiste n'était basée que sur le nez charmant et tout bourbonnien du saint trappiste.

ANNONCE.

Le courageux défenseur de la Salette, M. Girard, rédacteur du journal *la Terre Sainte*, vient de publier un troisième et remarquable opuscule, sous ce titre :

Les Dernières attaques contre la Salette et la réputation des deux Bergers. — Lettre de Mélanie au rédacteur de « *la Semaine catholique de Lyon* », et réponse à diverses publications.

Prix : 1 fr. 25, à Grenoble, et 1 fr. 40 par la poste.

S'adresser à M. Girard, 10, rue Chenoise, à Grenoble (Isère).

Tours, imprimerie Ladevèze et Rouillé, rue Chaude, 4.

www.ingramcontent.com/pod-product-compliance
Lightning Source LLC
Chambersburg PA
CBHW061757050726
47598CB00002B/762